나라 잃은 소년 나라를 세우다

이승만이야기

나라 잃은 소년 나라를 세우다

이승만 이야기

이지연·배재희 저

기파랑

서문

우리는 지난 역사를 현재의 눈으로 바라보면서 선과 악, 공과 과로 쉽게 재단하곤 한다. 올바른 길과 그렇지 않은 길을 판단하며, 우리의 선조가 걸어온 길과 선택을 가혹하게 비판한다. 그러나 그 시절을 자세히 살피고, 그 시대 사람들의 삶을 주의 깊게 바라보면 쉽게 정리되지 않는 너무나 많은 역사적 장면을 마주하게 된다.

만남과 이별, 투쟁과 화해, 갈등과 봉합, 협력과 파국이 점철되며 형성된 역사는 찰나와 영원의 조합이 있고, 개인과 집단의 부대낌이 있으며, 크고 작은 무수한 선택들의 충돌과 결합으로 채워져 있다. 우리가 엄격한 잣대로 가혹한 심판을 내리기에 앞서 시대와 인물을 입체적으로 조망하고자 의식적으로 노력해야 하는 이유이다.

이승만은 미국이 만든 정치·경제 제도를 모범으로 삼아 한반도 역사상 최초로 자유민주주의와 자유시장경제를 골자로 하는 민주공화정 헌법을 제정하고 대한민국을 건국하였다. 시대의 흐름에 뒤처진 약소국의 지도자였지만, 당대 최강국인 미국으로부터 한미상호방위

조약을 핵심 내용으로 하는 한미동맹을 이끌어냈으며,
6·25전쟁 직후 수년에 걸쳐 무려 8억 달러의 원조를 받
아냈다. 주지하듯이 미국과의 동맹을 통해 서독은 동독
을 흡수 통일했고, 우리는 흡수 통일을 논할 만큼 북한과
비교해 정치, 경제, 문화 모든 면에서 압도적으로 번영한
나라가 되었다.

게다가 이승만은 구십 평생을 뼛속까지 반反 전체주
의 신념으로 무장하였고, 그 당시 지식인과 정치가들 사
이에 유행처럼 번졌던 공산주의 사상이 지닌 맹점盲點을
꿰뚫어 보는 혜안慧眼을 가진 당대의 보기 드문 지식인이
요, 사상가였다. 이승만은 일제 식민지의 아픔을 몸소 부
대끼며 평생 독립운동에 헌신했고, 해방 후 남한을 공산
화의 위기에서 건져낸 리더이며, 현존하는 자유민주주
의 공화국인 대한민국의 설계자이다.

이승만에 대한 비판론과 비판 서적이 많이 있음을 알
고 있다. 그가 민족 반역자라거나 친미주의자라거나 심
지어 친일파라는 주장이 인터넷 상에도 만연하다. 우리
가 상상조차 할 수 없는 시대를 살아낸 입지전적 인물의
생애가 자극적이고 공격적인 몇 줄 혹은 몇 단어로 왜곡

되어 비판이 아닌 비난의 대상이 되고 있음을 안타깝게 생각한다.

　이승만에 대한 세간의 비판과 비난에는 분명 사실관계를 오해하거나 정치적 입장에서 의도적으로 왜곡한 경우도 있을 것이다. 평생을 항일 독립운동을 해왔음에도 불구하고, 해방 후 득세한 공산주의에 대항하여 반공 활동을 우선 순위에 두었다는 이유로 이승만을 친일이라고 몰아세우는 것이 그런 예이다. 반공反共으로 통일을 막고 분단 상황을 만들었다며 이승만을 비판하는 사람들은 이승만의 반공주의와 UN군 참전이 한반도 공산화 통일을 막을 수 있었음을 반드시 기억해야 한다.

　무장독립운동이 아닌 미국에서의 외교를 기반으로 한 독립운동을 폄하하기도 한다. 카이로 선언 이후 종전 및 전후 처리 외교에서 미국이 한국을 독립시키겠다는 확고한 의지를 갖게 한 것은 이승만을 주축으로 한 외교 기반 독립운동의 역할이 크다. 지금도 우리는 국가와 국가 간의 크고 작은 일들이 국제무대에서 외교의 힘으로 결정되고 있음을 보고 있다. 미국의 한국에 대한 인식 변화가 대한민국의 현재를 있게 한 중요한 요인임을 알고,

이승만을 필두로 한 미국 독립운동가들의 활동의 가치 역시 기억해야 한다.

역사적 사건에 대한 해석과 역사적 인물에 대한 평가는 공론의 장場에서 꾸준히 이루어져야 할 것이나, 적어도 한 인물에 대한 평가에 앞서서 생애生涯 전체에 관한 기본적인 지식과 정보를 갖추어야 편협함이 가져오는 오류를 벗어날 수 있다고 생각한다.

최근 서점가에는 역사적 평가가 마쳐지기 어려운 수많은 현대사 인물들의 전기傳記가 다수 출간되었음에도, 가장 영향력 있는 독립운동가 중 한 명이요, 대한민국의 건국 지도자인 이승만에 대한 전기는 거의 찾아보기 힘들다. 물론 기파랑 출판사와 이승만 연구소 등에서 이승만 대통령의 사상과 삶을 조망하고 분석한 책들을 다수 출간했으나, 시대와 역사에 대한 상당한 지식 없이는 읽기 어렵다는 인상을 받았다. 교육자이자 부모로서 필자는 학부모와 학생들, 젊은이들이 건국 대통령 이승만의 생애와 사상을 인터넷 상에서 누군가가 요약하고 정리한 내용만으로 접하는 게 아니라, 책을 통해 총체적으로 조망할 수 있는 기회를 제공하고 싶었다.

인물 역사책이 자칫 무겁고 건조해지기 쉬우며, 또 배경지식이나 흥미 없이는 지루해질 수 있다는 점을 감안하여, 시중에 나와 있는 이승만에 대한 여느 서적보다도 쉽게 읽힐 수 있게 쓰고자 노력했다. 또 삽화를 집어넣어 상상력을 공유하고, 당대의 배경과 주변 인물에 대한 이해도를 높일 수 있는 짧은 이야기들을 소개함으로써 이승만이라는 인물과 그가 살았던 시대를 보다 입체적으로 파악할 수 있는 계기를 부여하고자 했다.

이 책을 통해 바라는 점은 다음과 같다. 먼저, 이승만이 살았던 조선 말기와 일제 강점기의 시대상, 당대의 지식인과 독립운동가들이 지녔던 고민과 문제의식을 대략적으로나마 이해하고, 그럼으로써 이승만의 신념과 선택이 어떤 의미를 갖고, 어느 정도의 무게감을 가지는지 스스로 판단해 볼 수 있는 계기가 되기를 바란다.

오늘날 우리 교육은 비판적 사고력과 문해력을 강조하고 있다. "만일 나였다면 어떤 선택을 했겠는가?", "바로 그 순간 다른 선택을 했다면 더 좋은 결과로 우리를 이끌었을까?" 하는 물음이 필요하다. 스스로 탐구하고 사색하기 전에 누군가의 의도된 관점을 무의식적으로 받아들이고 있는 것은 아닌지 돌아볼 필요가 있다. 우리의 비판적 관점이 나의 사고의 결과인지 아니면 누군가의 의도된 비판을 되뇌이는 것인지를 한 번쯤 생각해 보길 희망한다.

다음으로, 남북한이 첫 지도자들의 선택에 따라 극명하게 엇갈린 운명을 걷고 있는 현실을 염두에 두고, 자유민주주의에 기초하여 건국된 '대한민국'에 대하여 자긍심을 갖기를 바라는 마음을 담았다. 학생들이나 젊은이들과 이야기하다 보면, 왜곡되거나 과장된 정보에 기초하여 우리나라를 다른 나라와 비교하고 극심한 빈부격차, 부정부패, 차별, 자본주의의 병폐만으로 가득 찬 나라인 양 부정적인 묘사를 하는 경우를 많이 본다. 독립 당시 세계 최빈국에 속했으나 불과 반세기 만에 세계 10위권의 경제 대국으로 성장한 대한민국을 왜 우리는 이토록 폄훼하는가 하는 안타까움이 든다.

세계사 교육이 선택으로 된 요즘, 학생들은 공산주의와 자유민주주의의 차이를 가난한 시골과 대도시의 차이 정도로 생각하는 경우도 있다. 현 대한민국은 이승만과 그 시대를 함께 한 한국인들이 설계하고 이식한 이념

및 제도에 바탕하고 있다. 부족한 점도 있지만 모든 면에서 상상할 수 없는 속도로 발전을 이루어 세계가 알아주는 저력을 갖춘 국가가 되었다는 사실을 돌아보길 희망한다.

또한, 불과 몇 십 년 전 한반도를 살아간 사람들과 한반도를 지키기 위해 희생한 수많은 사람들에 대해 감사하는 마음을 갖기를 바라는 소망이 있다. 70년대 후반에 태어나 자란 필자는 도저히 상상할 수도, 감당할 수도 없을 것 같은 혼란의 시대를 살아간 인물들을 그려보며 감동을 받았고 감사하는 마음에 가슴이 저릿했다.

한국의 독립운동가들은 십 년, 이십 년, 삼십 년, 혹은 사십 년에 육박하는 인생을 오로지 독립에 매진했다. 그 시대 대부분의 한국인들은 나면서부터 자기 반생을 일본의 신민으로 살았고, 그 속에서 자식을 키우고, 부모를 봉양하며 살았다. 모두가 해외 독립운동가일 수는 없었고, 누군가는 공장을 돌리고 가게를 운영했으며, 농사를 지으면서 삶을 이어 나갔다. 자신의 삶을 직접 항일抗日 투쟁에 내던진 위대한 독립운동가들뿐만 아니라, 한반도에 남아 꿋꿋이 이 땅을 지키며 살아낸 선조들의 평범한 삶도 또 다른 독립투쟁이었고, 현 대한민국을 만든 밑거름이 되었음을 이 책을 통해 깨달을 수 있다면 더없는 보람으로 남을 것이다.

더 읽을거리로 6·25전쟁에 희생된 군인들의 이야기를 호국의 벗들이라는 내용으로 적었다. 미국을 비롯해 총 21개국 출신의 젊은이들이 이름조차 모르는 나라, 한국으로 몰려들었다. 미군 48만 명, 영국군 6만 명, 캐나다군 2만 6천 명 등 60만 명에 달하는 꽃 같은 젊은이들이 두려움 속에 군함을 타고 한국으로 향했다.

너무나도 가난하고 조그만 변방의 나라 대한민국을 구하고자 했던 아름다운 청년들과 노블레스 오블리주의 전형인 장군들의 이야기를 기억하고 싶었다. 현대사에 가장 잔인하고 혹독한 전쟁 가운데 최전선에서 희생한 이들 덕분에 우리 부모와 형제들은 자식 세대에게만큼은 잔인함과 혹독한 삶을 물려주지 않을 수 있었다. 아직도 잔혹한 운명에 힘겨워하는 나라들이 많다. 사실 1960년대 이전에는 전 세계가 바로 우리나라를 잔혹한 운명에 처한 가여운 나라요, 국민으로 바라보고 있었다.

평생을 시대의 흐름을 읽고 앞서서 대처했던 이승만

이 물러설 순간을 놓쳤던 장면은 안타깝다. 이승만이 쓸쓸하게 퇴장하는 장면을 통해 위대한 인물의 생애를 겸허하게 조망해 보고, 우리네 인생의 한계를 교훈적으로 성찰할 수 있는 계기가 된다면, 이 책의 출간이 더할 나위 없이 뜻 있는 작업이 될 것이다.

이승만이 헌법을 고쳐가며 대통령직을 이어간 것은 분명 잘못으로 지적할 만하며, 비판받아 마땅할 것이다. 그러나 중요한 사실은 해방 후 이승만의 경쟁 상대이자, 비교 대상은 '김일성'이었고, 이승만이 설계한 대한민국의 비교 대상은 김일성의 '북한'임을 기억하는 일이다. 이승만의 연임을 혹독하게 비난하면서도, 김일성이 남긴 세습 독재체제에 대해 관대한 시각을 갖는 것은 실로 모순이다. 우리 각자가 가진 준엄한 잣대도 두 사람에게 동일하게 들이대야 한다.

필자는 대한민국 초대 대통령 이승만에 대한 객관적이고 합리적인 평가를 위해서는 적어도 해방 후 이승만의 라이벌인 '김일성'과 김일성이 통치한 '북한'의 정치·경제 체제의 변화·발전상을 서로 비교하고 분석할 정도의 냉철함과 균형감각은 유지해야 한다고 생각한다.

『위대한 개츠비』의 저자 피츠제랄드Fitzgerald는 "최고의 지성은 두 가지 상반된 생각을 동시에 품으면서도 정상적으로 사고할 수 있는 능력"이라고 표현했다. 만일 이승만에 대한 비판적인 입장을 견지했거나 왜곡된 비난에 동참해 온 분들이라면 이 책을 통해 새로운, 또는 다른 생각을 접하고 함께 품어 볼 기회를 갖길 바란다.

사실 이 책에 담지 못했던, 우리가 알아야 할 이야기들이 너무도 많이 있다. 기존에 출판되어 있는 여러 훌륭한 저서들이 많다. 스스로 연구해 보며 당대의 역사와 우남 이승만이라는 인물에 대해 평가해 보길 희망한다.

2019년 6월
저자를 대표하여 李 枝 燕

슬프다!
나라의 자주와 독립을 보호 할 책임을 함께한 형제들이여!
정신을 똑바로 차려서 들어 보시라.
외국 정치인들이 우리나라 국민들은
국민성이 독립을 할 능력이 없다고 하고 있다.
결코 그렇지 않다.
천만번 해당되지 않는 말이다.
우리나라 사람들이 오랫동안 압제에 눌려 살다보니
우리 스스로 각성하지 못하였던 탓이다.
우리도 올바른 교육을 받고 자성과 자유를 깨달으면
힘을 발휘 할 수 있을 것이다.

〈이승만의 독립정신 中〉

01

격변하는 시대에
태어난 소년,
수많은 처음을 만들다

첫 번째 리더는 중요하다

'스노우볼 효과snowball effect'라는 말이 있다. 작은 눈덩이를 꾸준히 굴리다 보면 점점 커지다가 어느 순간 급격히 커지게 된다. 작은 눈덩이가 한번 방향을 정해 굴러가기 시작하면 몸집이 커지고 무게가 늘어서 이후에는 경로를 바꾸기가 좀처럼 힘들어지게 된다. 눈덩이를 굴리는 첫 순간이 중요하듯이 개인의 삶이나 한 국가의 출발에서도 처음의 방향과 결정은 매우 중요하다. 그런 의미에서 건국建國 혹은 개국開國이라고 부르는 첫 순간에 나라를 이끈 첫 번째 지도자는 특별한 존재가 될 수밖에 없다. 오늘날 세계에서 가장 부강한 나라로 평가받는 미국의 첫 대통령은 **조지 워싱턴**George Washington이었고, 한때 미국에 맞서는 군사 강대국으로 군림하다가 몰락해 사라진 구 소비에트연방(소련)의 첫 지도자는 **블라디미르 레닌**Vladimir Il'ich Lenin이었다.

가치 관념과 사상이 다른 이 두 사람은 각기 다른 국가 체계를 만들었고, 오늘날 역사가 보여주듯 그 운명은 천양지차로 갈렸다. 이렇듯 국가의 첫 지도자가 어떤 결정을 내리고 어떠한 체제를 만들어 국가를 이끌어나가느냐에 따라 미래의 국가상이 결정된다. 그가 내린 여러 가지 결정은 이후의 세대가 나아갈 항로와도 같다.

지금으로부터 약 70년 전인 1948년 8월 15일, 제헌헌법(7월17일)과 함께 출항을 시작한 대한민국호의 첫 번째 선장은 **이승만**李承晩이었다. 그는 1875년 음력 3월 26일 황해도에서 태어났고 1965년 7월 19일 미국의 외딴 섬인 하와이에서 생을 마감했다. 가난한 몰락 양반의 아들로 태어난 그는 마지막 눈감을 때도 가난하고 몹시 쓸쓸한 모습이었다. 대한민국 역사의 서막을 열었던 첫 번째 대통령 이승만은 어떤 사람이었을까.

팽팽한 긴장 속의 19세기 말 한반도

이승만이 태어날 당시 한반도와 그 주변 정세는 급변하고 있었다. 조선은 무려 500년 가까이 왕조를 이어왔으나, 19세기 초부터 이어진 오랜 세도정치로 인한 병폐가 누적되면서 국운이 기울어가고 있었다. 고종 임금의 아버지 흥선대원군이 세도정치를 끝내고 개혁을 추진하였지만 급변하는 시대에 적응하기는 역부족이었다. 흥선대원군이 집권하던 시절(1863~1873)에는 서구 열강의 개화 및 통상의 요구가 있었고 **병인양요**(1866), **신미양요**(1871) 등 참사가 빚어지기도 했다. 그러나 흥선대원군은 "서양과의 화친은 곧 매국과 같다."는 내용의 척화비斥和碑를 세우며 쇄국정책으로 일관하였다.

같은 시기에 일본은 서구 문물을 받아들였고 1850년대에 미국과 수교한 후, 1868년 **메이지유신**을 통해 막부정치에 종언을 고하며, 발 빠르게 근대화의 행보를 이어가고 있었다. 근대화의 물결에 일찌감치 편승한 일본의 자신감은 서구 제국주의 열강에 동참하고자 먼저 조선을 정복하자는 정한론征韓論으로 이어졌고, 1875년 조선의 개항을 강제하고자 **운요호 사건**을 일으키고 만다. 고종 임금이 아버지 대원군의 손을 벗어나 독자적인 권력을 갖기 시작한 지 얼마 되지 않은 시절에 일으킨 일본의 도발이었다. 그 당시 조정은 흥선대원군의 쇄국정책에 대한 회의론이 일부 있었고, 이는 일본의 요구에 따라 **강화도조약**을 체결함으로써 문호를 개방하는 계기로 작용했다. 그러나 국내 최초의 근대조약인 강화도조약은 일본에게 일방적으로 유리한 내용을 담은 불평등 조약이었다.

한편, 아시아의 오랜 실력자 노릇을 하던 중국 왕조 청淸은 영국과의 아편전쟁에서 패배하여 1842년 영국과 굴욕적인 난징조약을 체결하는 등 서구 열강의 먹잇감이 될 운명에 처했다. 19세기 말까지 지배층과 지식인들 사이에 양무운동(관료들의 주도로 이루어진 군사 중심의 근대화운동), 변법자강운동(광서제의 주도로 일어난 근대화운동으로 다른 이름은 무술변법戊戌變法)등 서구 문물에 대한 저항론과 수용론이 대립각을 세우며 지속적으로 혼돈의 시기를 겪고 있었다. 영국, 프랑스, 네덜란드 등 선진 유럽 국가들이 17세기 과학혁명과 18세기 산업혁명으로 대변되는 고도의 성장을 거치며 근대화에 앞장섰고, 19세기 유럽은 성장에서 소외된 약소국을 약탈하는 식민지 정책을 펼치며 세상을 나눠 지배하기 시작했다. 제국주의 열강 앞에 약소국의 운명은 바람 앞의 등불과도 같았다. 세계는 격렬한 변화로 몸살을 앓았고, 유럽의 몇몇 국가들이 고도화된 과학기술과 시장경제로 무장하여 세상을 나눠 지배하고 있으며, 아메리카 대륙에서는 젊은 미국이 빠르게 성장하고 있었다. 조선도 '급변하는 세계정세와 외세의 개방 요구에 어떻게 대응해야 하는가'라는 시대적 고민을 피해갈 수 없었다.

개혁과 개방으로 선진화된 문명국 대열에 동참하자는 '개화파'와 기존의 전통과 생활 방식을 지켜내야 하며 외세는 곧 사악한 무리에 불과하다는 '위정척사파'로 나뉘어 갈등했다.

혼란의 조선 말기에 태어나 성장하다

이승만은 1875년 3월 26일 황해도 평산군에서 태어났다. 3남 2녀 중 막내로 태어났으나 이승만의 출생 전에 두 형이 사망했기 때문에 외아들이자 6대 독자로 자라났다. 이승만은 세 살이 된 1877년 가족과 함께 서울 남대문 밖 염동으로 이사를 왔고, 그 후 낙동으로, 다시 남산 서쪽 도동 골짜기로 이사를 반복했다. 이승만은 세종의 형 양녕대군讓寧大君의 16대손이었고, 어머니는 김해 김씨 집안의 외동딸이었다. 어머니가 이승만이 전통적인 양반 지식인의 길을 착실히 밟기를 원한 것은 지극히 당연한 일이었다. 아버지의 유일한 희망도 어린 이승만이 하루라도 빨리 과거시험에 합격해 조정의 관리가 되는 것이었다. 부모님의 요구에 부응하고자 이승만은 사서오경 등 한문 공부에 열중하며 당시 양반 자제들이 소망해온 전통적인 출세 길인 과거시험에 매달렸다. 평생 독립운동을 하며 세상을 누빌 때 외로움을 달래며 읊조리던 한시漢詩는 이 당시 한문 공부에 힘입은 것이었다.

이승만이 열 살이 되던 1884년 개화파 지식인 김옥균, 박영효, 서재필 등이 주도한 **갑신정변**甲申政變이 일어났다. 조선의 자주독립과 근대화를 목표로 한 거사였다. 서양 문물을 받아들여 근대화에 성공한 일본과 같이 조선도 개혁해야 한다는 생각으로 시작되었다. 그러나 이는 민심을 전혀 고려하지 않은 무모한 행동이었다. 청나라의 개입과 일본의 배신 등으로 단 3일 만에 실패로 끝나 버렸고, 갑신정변의 주역들은 해외로 도피하거나 죽임을 당했다. 조선의 오랜 폐쇄성을 이겨내며 조금씩 개화에 눈을 돌리기 시작했던 고종은 갑신정변의 충격으로 개혁적인 양반 지식인들을 외면하게 되었고, 그로 인해 조선의 개혁과 근대화의 길은 한층 더 멀어지게 되었다.

이승만이 스무 살이 되던 1894년 봄 동학농민운동이

발발했고, 이는 청일전쟁, 갑오개혁으로 이어졌다. 갑신
정변에 이어 조선은 격변하는 시대의 소용돌이 속에 또
다시 요동치고 있었다. 국운이 쇠한 가운데 조선의 조정
은 이를 토벌할 능력이 부족했고 부득이 외세를 끌어들
여 진압하고자 했다. 그러나 조정의 의도와 달리 조선에
대한 전통적인 영향력을 유지하고자 했던 청나라와 이
를 배제하고자 했던 일본의 주도권 다툼으로 번졌고, 급
기야 대규모 전쟁으로 이어졌다.

청일전쟁은 근대화에 앞서간 일본의 승리로 끝났다.
그 결과 일본의 조선에 대한 영향력이 더욱 커졌으며, 일
본의 주도로 조선의 자주독립 선언(이는 청에 대한 사대관계의
폐지를 의미했다), 신분제와 과거제의 폐지, 신교육, 단발령
등 당시로서는 획기적인 개혁조치가 시행되었다.

| 노비/과거제
폐지 | 단발령 | 중국으로부터
독립 | 공식문서에
한글사용 | 과부의
재혼허가 | 신식학교
세우기 |

1894년에 있었던 이 최초의 근대적 개혁정책을 **갑오개혁**이라고 한다. 갑오개혁은 전통문화에 익숙한 백성들의 참여도가 낮았고 반발도 심하여 성공하지 못했다. 그렇지만 과거제를 폐지한 갑오개혁은 이승만의 운명을 바꾸는 계기가 되었다. 대한민국을 건국한 정치인의 이념과 사상은 급변하는 시대 상황에 걸맞지 않은 전통적인 유교 교육을 탈피한 것에서 싹트게 되었다.

변화의 시작, 배재학당

과거제가 폐지되면서 이승만은 유학 공부를 중단하게 되었고 잠시 목표를 잃고 방황하게 되었다. 서당 친구였던 신긍우는 그러한 이승만에게 기독교 신식학교인 **배재학당**의 입학을 권했다. 배재학당은 미국 북감리교 선교사 **헨리 아펜젤러**Henry Appenzeller, G.A.가 세운 기독교 학교였다. 서양 선교사가 세운 학교에 다니며 신교육을 배우는 일은 어머니에게도 말씀드릴 수 없는 비밀이었다. 처음에는 영어를 좀 배워보겠다는 가벼운 마음으로 시작했지만, 배재학당은 당시 학생들이 생활비를 벌 수 있도록 지원해 주고 있었고 형편이 어려운 이승만에게 학업과 동시에 생활비를 벌 수 있는 조건은 더욱 매력적이었다.

1895년 4월 스물 한 살의 나이에 배재학당에 입학한 이승만은 전통방식의 긴 머리인 상투를 짧게 치고, 매일 아침 낯선 기독교 예배에 참여했다. 금세 영어 학습에서 두각을 보였던 이승만은 최초의 서양식 국립병원인 제중원 소속 의사였던 화이팅Whiting에게 한국어를 가르쳐 주고, 한 달에 20달러씩 보수를 받는 일을 얻었다. 이는 이승만의 영어 실력이 일취월장하는 계기가 되었다. 20달러는 당시 생계를 해결할 수 있는 적지 않은 돈이었다.

1889년 아펜젤러가 세운
배재학당

1897년 7월 8일 정동에 새로 지은 감리교회 예배당에서 배재학당 졸업식이 있었다. 이승만은 졸업식 행사 중 조선의 귀빈들 앞에서 '조선의 독립'이라는 주제로 영어 연설을 하였다.

혼란으로 가득 찬 조선의 시대 상황에서 이승만은 무겁고 진지한 주제를 영어로 패기 있게 연설하였고, 이는 청중들의 마음을 사로잡기에 충분했다. 실로 놀라운 일이었다. 천자문과 사서삼경을 익히던 소년이 금세 자유, 평등, 민권 등 근대적 정치이념으로 무장한 당대 가장 혁명적인 사상가로 거듭나는 순간이기도 했다. 조선 말기의 극심한 혼란을 뒤로하고, 한 소년이 당대 최신식 교육을 받으며 새로운 시대의 새로운 리더로 성장하고 있었다.

한국 언론의 시작

배재학당에서 세계를 바라보는 시야를 넓힌 청년 이승만은 조선의 독립운동에 적극적으로 참여하기 시작했다. 그의 이념적 친구이자 스승인 서재필(徐載弼,

1864~1951)도 이때 인연을 맺었다. 필립 제이슨이라는 미국식 이름을 가진 서재필은 갑신정변의 주역이었고, 갑신정변 실패 후 미국으로 망명해 의학박사가 된 1세대 개화파 지식인이었다. 일본의 청일전쟁 승리 후 개화파가 정국을 주도하면서 서재필은 망명 생활을 마치고 귀국해 본격적인 국내 정치활동을 시작한다. 서재필은 1896년 배재학당이 중심이 된 학생운동단체인 **협성회**協成會를 조직하였고, 이승만은 아펜젤러의 초청을 받은 서재필에게서 세계지리, 역사, 정치학 등의 강의를 듣고 서구 문물과 근대사상에 관심을 갖게 되었다.

서재필은 1896년 4월에는 「독립신문」을 한글과 영어로 창간하였다. 같은 해 7월에는 고종 임금의 후원으로 '독립협회'를 창립하여 민중계몽에 힘쓰고, 자유민주주의 사상과 기본권 등 근대사상을 알리고자 노력한다. 지금 우리가 너무도 당연하게 생각하고 자연스럽게 누리고 있는 자유주의, 민주주의를 토대로 하는 근대 국가를 꿈꾼 것이다. 무려 500년을 이어온 왕조 국가에서 형성된 조정의 인식과 피지배계층으로 살아온 백성들의 관념을 고려하면 도저히 상상할 수조차 없는 꿈나라를 기획한 것이었다. 왕의 명령이 아닌 국민을 대표하는 기관이 만든 법률로 생명, 신체, 재산을 보장하고, 국민이 정치적 의사를 표현하는 권리가 있는 자주독립 국가를 지향하였으니 말이다.

이승만과 서재필의 왕성한 활동으로 협성회는 나날이 발전했고, 「협성회 회보」라는 잡지도 창간했다. 이승만은 잡지의 논설 주필이 되고, 협성회의 서기, 회장 등으로 선출되어 활동했다. 협성회 회보가 고종의 특명으로 폐간되자, 이승만은 양홍묵, 유영석 등과 함께 1898년 4월부터 「매일신문」을 발간했다. 일본에서 들여온 낡은 인쇄기를 어렵게 구해 한글과 영문으로 발간하였고, 이로써 한국 최초 일간신문의 시대를 열었다. 이승만은 근대 한국 언론 역사의 '처음'을 만드는 핵심 역할을 했다.

우남 이승만
1875-1965

독립협회 활동과 한성감옥에의 수감

19세기 말 조선에 들어온 제국주의 열강들은 광산, 철도, 전선, 삼림, 어장 등의 이권을 침탈하고 한국을 식민지 종속국으로 만들고자 했다. 초기에는 조선의 왕실과 관료들도 독립협회에 상당한 협조와 지원을 해주었다. 독립협회는 「독립신문」을 발간하고, 토론회, 대중강연회를 개최하여 활발한 계몽 활동을 펼쳤다. 협성회를 산하 기구로 둔 독립협회는 자유주의 사상에 기반을 둔 상당히 혁신적인 시민단체였다.

독립협회는 1898년경 **만민공동회**萬民共同會를 개최하는 등 민중계몽운동을 주도하였는데, 그 당시 청년 이승만은 윤치호, 안창호 등과 함께 가장 치열하게 독립을 위해 노력한 청년이자 영향력 있는 연설가였다.

그러나 조정의 관료들은 독립협회의 혁신적인 분위기를 두려워하기 시작했다. 그 당시 집권세력은 자주독립을 모색하는 독립협회와 대립을 심화시켜가고 있었다. 집권세력은 독립협회가 대한제국의 통치를 폐지하고 공화제로 바꾸려 한다며 모함하였고, 어용단체인

황국협회皇國協會를 이용하여 테러를 가하기도 했다. 결국 1898년 12월 고종은 독립협회를 해산하기에 이른다. 게다가 독립협회가 왕정 폐지를 도모하였다는 반역의 혐의가 적용되어 이승만은 옥살이를 하게 되었다. 죄수 동기와 함께 탈옥을 시도하다 붙잡혀 사형선고를 받았으나 종신형으로 감형되어 복역하게 되었다. 한 치 앞을 내다볼 수 없는 암담한 시절이었지만 이승만은 좌절하거나 헤매지 않고, 희망과 용기를 잃지 않고 먼 미래의 가능성과 꿈을 키워나갔다. 그리하여 1904년경 서른 살의 나이에 극적으로 사면되었을 때 이승만은 옥중생활을 통해 한층 더 성장해 있었다.

이승만은 감옥에서 종교와 믿음의 힘을 체험했다. 무거운 형틀을 쓰고 있다가 문득 배재학당 예배실에서 들었던 설교를 떠올리며 기도를 했다.

"하나님! 내 영혼과 내 나라를 구하소서!" 짤막한 한 문장에 담긴 간절한 기도로 희망과 용기를 얻게 되었으니 자연스레 이승만은 기독교 신자가 되었고, 평생을 기독교인으로 살아갔다. 감옥에서 청년 이승만은 종신형을 선고받은 죄수라고 볼 수 없을 만큼 교육과 저술 활동에 적극적이었다. 이승만을 아끼는 미국 선교사들인 벙커, 언더우드, 존스 등이 감옥을 찾아와 성경 공부를 도와주었다. 이승만은 신약 성경으로 동료 죄수들과 함께 공부하였고 이승만을 통해 많은 사람들이 기독교로 개종하며 근대 지식인으로 거듭났다.

이승만의 처지를 안타깝게 여긴 미국인 선교사들은 미국에서 발간되는 인기 잡지와 윌리엄 스윈튼의 『세계사 개요』, 로버트 매켄지의 『19세기 역사』 등 영문 역사책을 전해 주었다. 덕분에 이승만은 밤마다 책을 읽고 글을 쓰며 공부할 수 있었다. 감옥의 간수들도 이승만의 학습과 저술 활동을 눈감아 주었기에 이승만이 작성한 글

들이 제국신문 등에 게재되기도 하였다. 이승만은 옥중에서 더없이 적극적으로 활동했고 늘 새롭게 '처음'을 써 내려갔다.

이승만은 다른 정치범들과 함께 '옥중학교'를 열어 사람들에게 서예, 산수, 지리, 일본어, 역사 등을 가르쳤고, 선교사들이 보내준 523권의 책으로 도서실을 꾸미기도 하였으며, 우리나라 최초로 '영한사전'을 만드는 작업을 시작했다. 콜레라가 전국을 휩쓸었던 1903년경 제중원 소속 애비슨 박사의 지시에 따라 옥중의 콜레라 환자들에게 약을 먹이고 돌보는 등 따뜻하고 헌신적인 면모를 보여주기도 했다. 미국인 선교사 존스, 미국 공사 알렌 등 수많은 미국인들이 다재다능함과 열정을 갖춘 청년 이승만을 무척이나 사랑했고 지원을 아끼지 않았으며 이승만의 석방을 위해서 부단히 노력해 주었다.

독립정신

20세기의 서막이 올랐지만 여전히 조선은 근대화의 추진 동력을 얻지 못한 채 쇠약해지고 있었다. 청일전쟁으로 조선에 대한 청나라의 영향력이 사라진 상황에서 제국주의 열강 일본과 러시아는 만주와 조선에서의 우위를 차지하기 위해 대립하였고, 북위 39도선을 경계로 한반도를 나누어 가지려는 음모를 꾸미기까지 하였으며, 급기야 1904년 이들 두 나라가 충돌한 **러일전쟁**이 일어나게 되었다. 당시 정치범으로 수감되어 있던 이승만과 동료들은 대한제국이 두 강대국 중 승전국에게 잡아먹힐 것을 예감하며 한성감옥에서 통곡하고 있었다.

개화의 마지막 기회를 놓친 작은 나라의 비극적 운명을 아파하며 이승만은 옥중에서 『독립정신獨立精神, The Spirit of Independence』을 작성하기 시작했다. 이승만이 쓴 첫 단행본이었다. 그 당시 대한제국에서 공식적으로 출판할 수 없는 상황이었기 때문에 시중에는 필사본이 돌았고, 책은 대중들과 지식인들에게 꽤 인기가 있었다. 『독립정신』은 이승만이 미국으로 건너간 후인 1910년 2월 10일에야 로스앤젤레스에서 발간되었지만, 그나마도 조선에서는 일제 시대(1910~1945)내내 금서로 지정되었다. 『독립정신』은 총 51장으로 구성된 장편의 논설문이다. 1~10장에는 조선이 처한 상황을, 11~25장에는 민주주의와 자유·백성의 권리·의무를, 26장부터는 국제정세에 대한 그의 관점과 식견을 담았다. 이 책은 한반도 바깥에서 벌어지는 강대국들의 역학관계와 국제정세를 정확히 통찰하였다는 평가를 받고있다. 전통적 이념에 매달리다 몰락한 조선이 향후 자유주의와 기독교 등 새로운 이념과 사상으로 무장할 필요가 있다고 서술했다.

서른 살의 이승만은 이미 '외교의 중요성'을 인식했고, 이는 이후 이승만의 독립운동의 방향이기도 했다. 러일전쟁은 결국 일본의 승리로 끝났고, 미국인 선교사들의 구명운동과 민영환, 한규설 등의 건의로 1904년 8월 이승만은 특별 사면되어 자유의 몸이 되었다.

독립정신

1. 통상해야 한다.

   외국과 교류하는 것이 부국의 방법이다.

2. 신학문을 익혀야 한다.

   신문물이 본인과 국가발전의 근본이다.

3. 외교를 잘 해야 한다.

   강대국도 혼자서는 살아갈 수 없으며,

   모든 나라에 공평하게 대해야 한다.

4. 주권을 소중히 여겨야 한다.

   국기는 주권의 상징이다.

5. 도덕의 수준을 높여야 한다.

   뜻을 같이하는 사람들과 용기를 가지고 행동해야 한다.

6. 자유를 존중하고 목숨을 걸고 지켜야 한다.

교육을 하는 근본 목적은
사람이 가진 지혜와 본성을 거울처럼 맑게 닦아
세상만사를 있는 그대로 거울처럼 비추게 하여
잘잘못과 우열을 가리게 하려는 것이다.

〈풀어쓴 독립정신 中〉

02
조선의 청년,
최신의 학문으로
무장하다

죄수에서 미국 특사로

자유의 몸이 된 것도 잠시, 그해 11월 이승만은 민영환을 만나 그의 밀서를 소지하고 미국의 대통령을 만나기 위해 미국으로 갔다. 고종 황제도 영어에 능통하고 미국인들과 많은 인연을 맺은 이승만을 미국으로 밀파하는 데 뜻을 같이했다. 러일전쟁의 승자가 조선을 차지할 것이 거의 분명한 상황에서 미국 측에 일본으로부터 한국의 독립을 보장해줄 것을 요청하고자 했던 것이다. 이승만은 트렁크 속에 여러 개의 비밀외교문서를 숨기고 미국으로 떠났다. 빈털터리 유학생 신분으로 그가 가진 것이라고는 편도의 배표와 선교사들의 소개장뿐이었다. 이승만을 태운 배는 목포와 부산을 거쳐 일본의 고베, 다음으로 하와이에 당도했다. 위기에 처한 조국에서 파견된 특사를 하와이의 감리교 선교사들과 가난한 교포들이 따뜻하게 맞아주었다. 이승만은 사탕수수밭에서 일하던 한인들이 어렵게 모아준 30달러로 다시 3등 선실에 올라 미국 본토 샌프란시스코, 시카고를 거쳐 수도 워싱턴에 당도했다. 지금이라면 비행기로 13시간이면 갈

거리를 한 달이 넘게 돌고 돌아간 길고 고독한 여행이었
다.

　이승만은 1905년 1월 15일 미국 신문 「워싱턴 포스
트」지와 기자회견을 열고 일본의 한국 침략을 폭로하
는 인터뷰를 했다. 배재학당과 옥중에서 익힌 그의 영어
는 미국의 신문기자들을 상대하기에 어려움이 없었다.
이승만은 곧바로 한국에 선교사로 왔었던 미국 상원의
원 휴 딘스모어를 찾아가, 그의 주선으로 미 국무장관 존
헤이와 면담하였다. 이승만은 존 헤이 장관을 설득하여
1882년에 체결한 **조미수호조약**에 따라 한국의 독립에
협조하겠다는 약속을 받아내는 데 성공했다. 외교의 중
요성을 절실하게 깨닫는 순간이었다. 그러나 애석하게
도 헤이 장관의 갑작스러운 사망과 함께 정치적 약속은
무산되고 말았다.

　그러던 중 미국 장관 윌리엄 태프트가 1905년 8월
시어도어 루스벨트 대통령의 딸 앨리스와 미 의원 워즈
워스를 대동하고 아시아 수행 길에 하와이의 호놀룰루
를 경유하였다. 이승만은 이때를 놓치지 않고 호놀룰루
의 한인 선교부를 책임지던 와드먼 박사를 통해 태프트

와 접촉하였고, 그로부터 추천장을 받아 **시어도어 루스**
벨트(Theodore Roosevelt, 1901~1909, 26대) 대통령을 직접 만
날 수 있었다. 대통령의 별장에서 이승만은 조정의 밀서
를 전달했고, "한국을 위한 일이라면 무슨 일이건 할 용
의가 있다."라는 답변까지도 받아냈다. 다만 루스벨트는
외교적인 일이므로 밀서가 아닌 워싱턴의 한국 공사관
을 통해 제출하라는 권유를 덧붙였다. 잠시나마 감격에
젖었던 이승만은 급히 워싱턴 주재 한국 공사인 김윤정
을 찾았으나, 김윤정은 이승만을 외면하였다.

사실 이승만이 태프트 장관과 루스벨트 대통령을 면
담할 당시, 미국은 이미 **가쓰라-태프트 밀약**(1905년 7월)
을 통해 필리핀을 식민지화하는 대신 일본의 조선 식민
지화를 용인하고 있었다. 이승만은 국제관계에서 국력
과 외교의 중요성을 깊이 절감하게 되었다.

미국 유학생활의 시작

조정이 부여한 임무가 실패로 끝나게 되면서 이승만
은 크게 실망하였다. 좌절을 딛고 일어선 그는 선배이자

스승인 서재필이 그랬던 것처럼 미국에서 공부를 더 하기로 결심한다. 이승만은 선교활동을 했던 기독교 지도자들을 찾기 시작했다. 한국에서 활동하던 미국 선교사들은 하나같이 이승만을 사랑했고, 진심으로 아껴주었으며, 그의 우수함을 인정했다. 밀사 역할 외에 이승만은 언더우드, 게일 등 유명한 선교사들의 추천서를 잘 챙겨갔는데, 추천서에는 이승만이 옥살이하던 시절 40여 명의 동료에게 기독교를 전도하여 믿음을 갖게 한 사실이 또렷이 적혀있었다.

이승만은 코베넌트 장로교회에 찾아가 세례와 유학생활 지도를 부탁했다. 코베넌트 장로교회의 담임목사가 그를 조지 워싱턴 대학 니덤 총장에게 소개해 주면서 이승만의 유학생활이 시작되었다. 1905년 이승만은 31세에 조지워싱턴 대학 학부과정에 입학해 철학을 공부하고, 같은 해 부활절 날 세례를 받았다. 미국의 장로교와 감리교 측에서는 유망한 청년인 이승만을 한국의 전도활동에 힘쓸 수 있는 훌륭한 선교사로 키우고 싶어 했다.

이승만은 코베넌트 장로교회 측의 지원으로 등록금은 면제 받았지만 생활비는 손수 벌어야 했다. 교회 측의 지원으로 여러 도시를 순회하며 한국에 관한 강연을 하며 돈을 벌었다. 유창한 영어 실력이 있기에 가능한 일이었다.

이승만의 강연은 한국의 독립운동과 미국 선교사들과의 우정을 감동적이고 아름답게 풀어냈기에 「워싱턴포스트」와 같은 당대 유명 일간지에 여러 차례 보도되기도 했다. 그러나 그 당시에는 일본과 미국의 역사적 친교가 깊었고 미국 내 일본인 교민 사회의 지위가 높았기에 이승만이 하는 민간 외교는 곳곳에서 방해를 받고 마찰을 일으켰다. 강연 도중 친일 성향의 청중과 흥분하여 다툰 적도 있었다.

이승만의 학부 시절 성적은 썩 좋지 못했다. 고단한 유학생활 때문에 제대로 음식을 먹지 못하는 것도 문제였지만, 무엇보다 한국에서 데려온 어린 아들이 급성 전염병으로 숨진 일은 특히나 6대 독자인 이승만이 견디기 힘든 아픔이었다. 고통스러운 유학생활 중에서도 이승만은 1907년 학사학위를 취득하였다. 당시 「워싱턴포스트」에는 졸업식 날 이승만이 가장 많은 박수를 받았다는 기사가 실렸다.

하버드로, 프린스턴으로

미국 감리교 측에서는 이승만이 한국에 돌아가 선교 활동에 헌신하기를 바랐으나, 이승만의 꿈은 종교인으로서 나라에 기여하는 차원을 이미 넘어서고 있었다. 그의 동료이자 스승인 서재필도 이승만에게 하버드 대학에서 역사를 공부해서 석사학위를 받고 곧바로 귀국할 것을 조언하였는데, 이승만은 석사학위에 만족할 수 없었다. 그는 정치학, 경제학 등 훗날 나라 세우기에 필요한 최신의 학문에 목말라 했다. 가난하고 이름도 알려지지 않은 아시아의 머나먼 나라에서 온 유학생이었지만, 이승만의 포부는 실로 원대했고, 그러한 포부가 박사학위라는 새로운 목표로 이끌었다.

이승만은 1907년 가을부터 하버드 대학의 석사과정에 입학했으나 학업 도중에 예기치 않은 악재가 발생했다. 1908년 3월 스티븐스라는 친親 일본 미국인이 샌프란시스코에서 조선 청년들에 의해 살해당하였다. 문제는 스티븐스가 시어도어 루스벨트 대통령의 오랜 친구였다는 것이다. 그 당시 제국주의 열강에 편입한 일본은 미국과 친밀한 외교관계를 유지하였고, 다수의 일본인들이 미국 사회의 주류로 진출해 있었다.

스티븐스 저격 사건으로 인해 국제사회에 잘 알려지지 않았던 조선인들을 테러리스트 민족으로 오해하는 미국인들도 많았다. 스티븐스 저격 사건이 발생하자 지도교수는 이승만의 면담마저 거절했다. 결국 정성껏 쓴 이탈리아 통일운동에 관한 이승만의 석사학위 논문은 심사조차 받지 못했다.

조선에 대한 따가운 시선을 피해 이승만은 이따금 이루어지는 강연을 제외하고는 칩거 생활에 들어갔다. 낯선 조선보다도 친숙한 강대국 일본에 우호적인 분위기가 형성되어 있었기에 이승만은 강연할 때마다 좌절을 겪곤 했다. 국제사회에서 국가 간 외교의 중요성을 다시금 절감하던 시절이었다.

힘든 상황 속에서도 용기를 잃지 않았던 이승만에게 구원의 손길이 나타났다. 한국에서 사귀었던 북 장로교 선교사 **어네스트 홀**Ernest F. Hall과 만나게 된 것이다. 이 승만의 안타까운 사정을 듣게 된 선교사 홀은 자신의 모 교인 프린스턴 대학으로 옮길 것을 권유하며, 이승만의 전학을 돕기로 했다. 갑작스러운 결정이었지만, 결정 다 음날 속달 우편으로 프린스턴 행 기차표가 날아 들어왔 다. 살아가면서 맺은 소소한 인연들이었지만, 이처럼 많 은 사람들이 이승만의 능력과 성품을 알아봐 주었고, 이 승만에게 도움을 주는 것에 주저함이 없었다.

프린스턴 대학교는 이승만에게 무척 호의적이었다. 당시 대학 총장 우드로 윌슨과 대학원장 앤드류 웨스트, 그리고 신학교 학장 찰스 어드먼 등의 총애를 받으며 마음 놓고 연구에 매진할 수 있었다. 생활고를 겪던 이승만으로서는 기숙사에서 무료로 생활할 수 있다는 점도 무척이나 고무적인 일이었다. 이승만은 프린스턴 대학에서 국제법을 전공하여 "미국의 영향을 받은 국제법상 중립"이라는 제목의 박사학위 논문을 썼다.

우수한 평점으로 통과된 이 논문은 한국의 독립과 국가 재설계를 위한 이승만의 고뇌와 이상이 담긴 외교적 구상을 그대로 옮겼으며, 독립 활동의 지침서와도 같았다. 이승만이 프린스턴 대학에서 박사학위를 취득한 후 뒤늦게 하버드 대학에서도 이승만의 석사학위의 승인이 있었다. 그리하여 이승만은 철학, 역사학, 정치학을 폭넓게 배운 기초 위에 국제법을 전공한 한국 최초의 국제정치학자가 되었다.

그 시절 미국에는 함께 공부하는 유학생 동료들도 없었으며, 인종차별이 극심했던 시절이었다. 그렇지만 이승만은 자주독립국을 건설하겠다는 불굴의 의지와 열정으로 단기간에 모든 학위과정을 마쳤다.

최신의 학문을 공부하는 것은 개인의 성장뿐 아니라 그가 몸담는 사회에 큰 도움이 될 수 있다. 많은 사람들이 시골에서 대도시로, 또 세계 곳곳으로 유학을 떠난다. 미국, 유럽, 일본 등으로 학문을 목적으로 떠나서 고독한 공부를 마친 후 선진 학문으로 자기 나라를 위해 힘쓴 지식인들이 세상에는 많다. 여기에서 주목할 점은 선진국에서 최신 학문을 배운 모든 유학생들이 자신의 나라를 올바른 방향으로 이끌었던 것은 아니라는 것이다.

가령 모국 캄보디아의 국비로 선진국인 프랑스 유학을 다녀온 폴 포트(Pol Pot, 1925~1998)는 공산주의를 배워와 나라를 전복시키고 약 1년간 약 150만 명을 살해했다. 소위 킬링필드라는 인류사 최악의 범죄를 일으킨 것이다. 짐바브웨의 최악의 독재자라는 평을 듣는 무가베(Robert Gabriel Mugabe, 1924~) 역시 남아프리카 공화국에서 공부한 독립운동가이다. 그는 집권 30여 년 동안 공포정치를 실시하고 나라의 경제상황을 파탄으로 몰아넣었다. 사치스러운 행위로도 악명이 높았다. 이렇듯 중요한 것은 공부의 자세와 목적이다. "나는 무엇을 위해 공부하는가?"를 고민하며 항상 초심을 잃지 않으려는 마음가짐이 그가 성취한 학문을 빛나게도 하고 망가뜨리기도 한다.

미국 유학 시절의 이승만은 오직 조선의 독립을 위해 노력하는 모범적인 학생이자 연구자였다. 결국 이승만은 조지워싱턴 대학교에서 학사학위를 취득하고, 하버드 대학교와 프린스턴 대학교에서 2년 반 만에 석사학위와 박사학위를 취득했다. 미국의 세계적인 명문대학에서 2년 남짓한 기간에 인문·사회과학 분야의 박사학위를 취득하는 것은 매우 드문 일이다. 19세기 후반부터 20세기 초까지 일본과 중국에서도 많은 유학생을 서양에 파견했지만, 이승만과 같은 성과를 낸 사람은 없었다.

이승만의 프린스턴 대학 시절은 장래에 한국의 독립을 도울 수 있는 외교적 거물들과 정치적 인연을 맺는 기회였다. 소중한 인연들이 먼 훗날 그가 대한민국을 건국하는 데 여러모로 큰 도움이 되었다. 대학총장 우드로 윌슨의 가족들이 대표적이다. 윌슨의 딸 제시는 이승만과 자주 어울리며 피아노를 치고 식사도 함께 하곤 했다. 이승만을 잘 아는 윌슨은 손님들을 소개할 때 이승만을 가리켜 장차 조국의 독립을 되찾을 사람이라고 소개했다고 한다. 이승만은 1910년 프린스턴 대학 졸업식에서 윌슨 총장으로부터 철학박사 학위를 수여받았다. 훗날 미국의 대통령이 된 우드로 윌슨(Thomas Woodrow Wilson, 1913~1921, 28대)이 제1차 세계대전 직후 제창한 **민족자결주의**는 대한민국의 3·1운동과 임시정부 수립의 기초가 되었다.

1910년 9월 3일 이승만은 서울 기독청년회YMCA에서 전달한 요청을 받아, 청년부 간사이자 감리교 선교사로 일하기 위해 귀국을 결심한다. 미국에서 박사학위를 받아 편안하게 교수를 하며 살 수도 있었지만, 고국의 부름에 곧바로 수락 편지를 썼다. 박사학위를 받은 다음날이었다. 최신 학문으로 무장을 마친 젊은이가 선진국의 안락한 삶을 포기한 채 국권을 침탈당한 고국의 쓸쓸한 가을을 향해 걸어 들어갔다.

■ 이승만의 한시(漢詩) 이야기

　이승만은 삶의 어려움과 애환, 구국을 위한 이상과 포부, 독립에 대한 열망, 6·25전쟁의 비애, 사랑과 인생 무상 등에 대한 여러 한시[1]를 남겼다.

　이승만은 한성감옥에서 투옥자를 괴롭혔던 '빈대'를 읊었다. 특히, 빈대의 자손이 많은 것에 비해 자신의 집안의 손이 귀한 것을 아쉬워했다.

　'따뜻하면 기운 펴고 추워지면 오물어 / 천장으로 바닥으로 오르고 내리네 / 하얀 벽을 돌고 돌아 아롱을 찍어대고 / 침상 틈을 헐어 보니 잔뜩이나 몰려 있네 / 모기와는 연이 멀어 서로 통하기 어렵고 / 이나 서캐는 쇠하여 곁방살이일세 / 네 집안은 어찌 그리 복이 많은지 / 백 아들 천 손자 대대로 이어가네'

　한성감옥의 열악한 시설로 죄수들이 죽어나가자 이승만은 감옥의 개선을 요구한 '관식官食'이라는 시를 지었다.

　'우거지국 맑기가 비 갠 연못 같은데 / 이방 저방 골고루 나눠주네 / 밥상이 아니라도 배부르고 자리도 항상 젖고 / 반

54　이승만이야기

사발 밥이라 씀바귀도 달기만 하네 / 나물은 싱거워 소금이 생각나고 / 깨물리는 모래알 옥같이 희네 / 얼굴 가득한 부황기로 사람마다 하는 말이 이거나마 하루 세 때 먹어봤으면'

이승만은 남한 단독정부 수립의 필요성을 역설했고, 남한 단독 총선거 실시를 주장했다. 당시 이승만은 국민통합과 남북통일의 염원을 담은 '가을 달밤에秋月愛'라는 시를 지었다.

'내 염원은 삼천만 동포랑 / 나라 있는 백성이 되고지고 늘 그막에 시골로 돌아가 / 한가한 사람으로 지내련다'

70대 중반이었고, 과거를 돌아보며 인생무상을 노래하기 시작했다. 이승만이 1956년 지은 '봄을 보내며餞春'에는 말년을 맞이한 이승만의 심정이 잘 드러나 있다.

'해마다 봄은 이리도 바삐 가는데 / 저무는 저 해를 잡아맬 길이 없구나 / 옛부터 재자 가인 탄식해 하는 말들 / 꽃을 보는 다락에선 석양이 빨리 온다고'

---

1 2018년 8월 22일 「뉴 데일리」 기사 '구국·건국 열망 담은 이승만의 '한시'들을 보라!' 중 발췌.

우리의 공동 목표는 어떤 희생이 따르더라도
이뤄야 하는 평화여서는 안 됩니다.
그것은 단지 패배와 인간 자유의 종말을 초래할 것입니다.
우리의 영원한 표상은 어떤 희생이 따르더라도
지켜야하는 정의이어야만 합니다.
우리는 우리가 가진 것 모두를
자유와 정의를 위해서 바쳐야 합니다.

〈이승만 대통령 방미일기 中〉

03

젊은 지식인 이승만,
귀국하고
또 다시 망명하다

귀국과 YMCA 활동

조국으로 돌아가는 길은 미국으로 떠날 때만큼이나 멀고도 험했다. 시베리아 횡단철도의 최종 목적지는 만주였다. 만주에서 다시 나룻배로 압록강을 건너자 꿈에 그리던 고국 땅에 당도했지만, 이미 침략자들이 지배자 노릇을 하고 있었다. 미국에서 상당한 명망을 얻은 젊은 조선인의 귀국을 일본은 심상치 않게 보고 있었다.

서울에 돌아온 이승만은 대단한 환대를 받았다. 그는 1910년 10월부터 1912년 3월까지 1년 5개월 동안 서울 종로에 위치한 황성기독교청년회(현 서울YMCA)의 '학감'으로 봉사했다. 식민통치 초기에 일본이 설치한 조선총독부도 한국인들이 대규모 항쟁이라도 벌일까 조심스러워하고 있었다. 총독부와의 예민한 신경전 속에 이승만과 YMCA는 민족의 계몽사업에 힘을 쏟았다.

특히 한국 개신교회 명망가들이 모인 서울YMCA 지부는 미국, 유럽 그리고 일본의 시민운동계 등 외국 YMCA와 튼튼한 유대를 가진 국제적 기구였다. 따라서 총독부도 함부로 할 수 없는 일종의 치외법권治外法權을 누리는 기관이었다. YMCA에서 이승만은 주로 성경과 국제법을 가르쳤는데, 그의 강연장은 늘 젊은이들로 빽빽했고 장내에는 활기가 넘쳤다.

망국의 현실 앞에서 망연히 좌절해 있는 조선인들도 많았지만, 참을 수 없는 울분으로 뭐라도 해보고자 하는 사람도 많았다. "조선은 대체 왜 망했는가?"에 대한 답을 찾고자 하는 이들은 주로 젊은이들이었다. 그들은 하나같이 괴로웠고 답을 원했다. 새로운 국가 이념을 원했고 어떻게 독립을 얻을 수 있을지 방법을 알고 싶어 했다.

YMCA 강당에 밀집해 있는 젊은이들은 서양에서 최고 지식인 대우를 받고 돌아왔다는 비슷한 연배의 젊은 지식인, 이승만의 말을 듣고 싶어 했다.

서울YMCA 학교 '학감'으로서 이승만은 교회 설교, 성경연구, 강연, 번역 등에 주력했다. 그는 1911년 2월 13일 자 YMCA 국제위원회 발송 보고서에서 "나는 안식일 때마다 바깥 교회에 나가서 설교하는 일과 오후의 바이블 클래스 지도를 계속하고 있습니다. 그 한편으로 나는 청년회 학교에서 주 9~12시간의 강의를 합니다. 다른 학교에 나가서 수시로 하는 짧은 강의 외에도 청년회 학교 생도들만을 위한 주 3회의 특강을 해야 합니다."라고 적었다.

기록에 따르면 이승만은 귀국 이듬해부터 나귀, 배, 기차, 우마차 등을 타고 전국을 다니며 총 3,700km거리를 강행군했다고 한다. 33차례의 대규모 집회를 열었는데 이때 만난 젊은 학생 숫자만 7,535명에 이른다. 1911년 초여름과 가을에는 전국 순회 전도여행을 하면서 미션 학교들을 돌아보고 지방 YMCA를 조직했다. 이 당시 이승만은 일제 통치에 좌절하는 민족의 비애를 가까이에서 보게 되었다. 기독교 지도자들인 미국인 선교사들의 눈치를 살피던 일본 당국은 이승만을 직접적으로 괴롭히지는 못하고 어떻게든 적절한 명분을 만들어 보려 고심하고 있었다.

탄압의 시작

YMCA에서 성경 교육을 주로 하던 이승만이 차츰 선명한 그의 독립국가 이념인 '자유주의'와 '민주주의'를 강연하기 시작하자 일본 당국이 탄압을 시작했다. 이승만과 YMCA 간부들은 점점 위협받기 시작했고, 본격적인 탄압이 시작되었는데 그것이 **105인 사건**이다.

105인 사건은 평안도의 기독교 학교인 신성학교 교사와 학생들이 식민지 총독 데라우치 마사타케를 암살하려 했다는 총독부의 날조에서 비롯되었다. 식민지배 이후 첫 대규모 조선인 탄압사건으로 검거된 사람은 처음에는 27명이었는데, 그 숫자는 점점 불어나 기소된 숫자가 700명에 이르렀다. 1912년 열린 공판에서 조선인 기독교도와 민족운동가 105명이 실형을 선고 받았다.

수월한 식민지 통치를 위해 한국인들의 기를 누르려 던 일본은 조선인 독립운동가들을 모조리 감옥에 가두 고 끔찍한 고문을 동원했다. 독립운동가 체포 작전에 이 승만도 언제 잡혀가게 될지 모를 다급한 상황에 처했다. 다행히 이승만은 미국인 YMCA 선교사들 도움으로 겨 우 체포를 면했다. 특히 동북아시아 감리교 총 책임자 해 리스Merriman. C. Harris가 이 사건에 항의하며 이승만을 보호한 것이 큰 도움이 되었다. 당시까지만 해도 일본은 강대국 미국과의 마찰을 원하지 않았다.

105인 사건을 계기로 젊은이들은 본격적으로 해외 에서 독립운동을 추진하기 시작했다. 특히 당시 105인 사건으로 종신형을 받았다 감형되어 풀려난 김구 등 명 망가들이 해외 독립운동에 힘을 쓰기 시작했다. 후일 독 립운동의 핵심 지도자가 된 **김구**金九와 이승만은 독립운 동 과정에서 서로 비슷하면서도 다른 철학과 지향점을 갖게 된다. 오늘날 많은 이들이 기억하듯이 두 사람은 독 립운동의 동지이자 라이벌이었다. 국제정세를 긴밀히 살피고 외교를 최대한 이용해야 한다고 믿는 이승만과 군사력을 기반으로 하는 무장투쟁 노선을 지향하는 김구는 동일한 목표를 지향하면서도 다른 방법론을 추구했다. 김구가 평생 중국 대륙을 무대로 활약했던 것과 이승만이 바다 건너 미국과 유럽을 주로 다녔던 것도 대조적이다.

훗날 한국의 독립운동가들 역시 크게는 이 두 종류의 노선 사이에 하나를 선택해야 할 운명이었다. 그러나 이승만과 김구는 분명한 동지였고 우애를 기반으로 함께 일한 벗이었다. 이승만이 후일 상해 임시정부 초대 대통

령 자리에서 탄핵을 당하여 현지를 떠난 후에도 김구는 남은 자리를 지키며 열정적으로 임시정부를 이끌었고, 이승만은 독립자금을 지원했다. 독립운동가들 사이에서 복잡한 크고 작은 갈등이 분명 있었지만 궁극적인 목표는 같았다. 이승만과 김구뿐 아니라 수많은 독립운동의 주역들은 이처럼 같고도 다른 길, 멀고도 가까운 길을 함께 하며, 갈등과 협력을 아슬아슬하게 오갔다.

망명 생활의 시작

선교사들은 위험한 상황에 놓인 이승만에게 조선을 떠날 것을 권했다. 마침 세계 감리교 총회가 1912년 5월 미국 미네소타 주에서 열릴 예정이었고, 이승만은 총회에 참석할 한국 대표로 선출되었다. 미국으로 떠날 좋은 명분이었지만, 이로써 다시 험난한 망명 생활이 시작되었다. 언제 돌아올 수 있을지 모를 기약 없는 여정이었다. 이승만은 국내 자택을 처분하고 여비를 마련해 일본으로 향했다.

이승만은 일본 YMCA를 면담하였고 몇 번의 특별집

회 강사로 강연을 한 뒤 서둘러 동북아시아 감리교 총 책임자인 해리스와 함께 미국으로 향했다. 태평양을 가로질러 미국 서부를 향하던 중 북대서양에서 '타이타닉호'가 침몰했다는 소식도 들려왔다. 미네소타의 미니애폴리스에서 열린 세계 감리교 총회에서 이승만은 연설 기회를 얻었다. 한국의 자주독립에 기독교도들의 지원과 도움을 요망하는 연설이었지만, 총회의 결론은 한국도 일본의 편도 아닌 중립이었다. 이승만의 절박한 요구에도 세계 기독교 지도자들의 반응은 실로 싸늘했다. 당시까지도 일본은 미국의 우방에 가까웠기 때문이었다.

이승만은 한동안 시카고, 프린스턴 등에서 지인들을 찾아다녔고 프린스턴 대학의 은사 우드로 윌슨을 다시 만났다. 오랜 친구인 제시(윌슨의 둘째 딸)의 도움으로 뉴저지의 별장에서 윌슨과 이승만은 다시 만났고, 이승만은 한국의 독립에 관한 미국의 지원을 일관되게 요청했다. 다만 그 당시 정치인이 된 윌슨은 이승만과 조선을 돕기 위해 우방 국가인 일본을 배척할 수 없었던 입장이었기에 확답을 주지 않았다. 윌슨은 이듬해 미국의 28대 대통령(1913~1921 재임)에 선출되었다.

하와이에서 활동하다

　일본 식민 당국의 탄압 속에 도망치듯 배를 탄 후 1년간 이승만에게 희망적인 소식이라곤 전혀 들려오지 않았다. 외교 노선으로 난맥을 돌파하기에는 그 당시 일본은 전쟁이나 폭력과 무관해 보였고, 한국보다도 경제적, 외교적으로 미국에 더 밀착해있었다. 이승만은 좌절하고 방황했다. 바로 그때 하와이로부터 이승만에게 한성감옥 시절 동지였던 박용만의 편지 한 통이 당도했다. 하와이에서 교민들과 민족운동을 하자는 제안이었다.

1913년 2월 이승만은 태평양을 건너 하와이 호놀룰루에 도착했다.

가난한 교민들 수백 명이 항구에 밀집했다. 히비스커스 꽃으로 장식한 전통 꽃목걸이를 목에 건 이승만은 교민 대표들과 기념촬영을 했다. 밝은 햇빛 아래서 유독 그의 표정이 어둡고 복잡했다. 부친 이경선이 세상을 떠났다는 소식을 전보로 받았기 때문이다.

하와이에는 일본과 한국, 중국 등지에서 노동자로 흘러들어온, 고단한 삶을 살던 교민들이 많았다. 한국 교민들은 사회, 경제적으로 어려운 이민자들로, 사탕수수 농장과 파인애플 농장에서 일하고 있었다. 조선에서의 삶처럼 하와이에서도 가난하고 힘들었지만, 이들은 자유시장경제와 서구식 민주주의의 힘을 최초로 체험한 조선인이었다. 하와이 교민들은 조선인들 중 동시대에 가장 근대적인 공동체를 이루었고 애국심으로 가득 찬 사람들이었다. 이들은 이승만의 가장 고단하고 외롭던 시절을 함께 했고 의지처가 되어준 사람들이며, 이승만이 유명을 달리한 최후의 순간까지 영혼의 고향처럼 안식처로 남아주었다.

이승만은 하와이에 당도한 첫 해 가을, 이곳 교민들을 계몽하고 기독교 신앙과 애국 독립사상을 고취시킬 목적으로 월간 「태평양잡지Korean Pacific Magazine」를 창간했다. 이 잡지는 1970년 재정난으로 폐간하기까지 하와이 교민을 지적知的으로 보살피고 격려했다. 이승만은 창간과 함께 잡지 주필을 맡았다. 호놀룰루에 정착한 그는 초등학교 교장으로 취임하여 하와이 여러 섬에 산재한 한국 어린이들을 모아 기독교 정신과 애국사상을 심어주었다.

이승만은 기숙제 초등학교였던 한인 기숙학교를 감리교 선교부 측으로부터 인수받아 확대 개편해 **한인중앙학원**으로 재설립했다.

학교의 명성을 들은 교포들이 자녀들을 가르쳐달라며 인근의 여러 섬에서 유학을 보내왔다. 한인중앙학원은 하와이 각 지방에서 온 남학생 65명에게 기숙 편의를 제공하고 한국어를 가르쳤다. 또한 고등과, 소학과, 국어과 및 한문과를 설치하여 영어 등의 일반과목 외에 한글과 한문과 성서를 가르쳤다. 이 학교에는 4~5명의 미국인과 3명의 한인 교사가 있었다. 이승만이 인수한 다음 명성이 한층 높아지자 이 학교에는 여러 섬에서 향학열에 불타는 학생들이 더욱 몰려들었다.

그러나 학교 운영을 둘러싸고 감리교회 측과 대립하는 일이 발생하였다. 1914년 초 '와드먼'의 후임으로 부임한 '프라이' 감리사는 이승만이 학생들에게 주입하고자 하는 민족주의적 교육(한국어와 한국사 교육)이 하와이령嶺의 인종혼합정책에 배치되는 것으로 간주하고 이에 대해 비판적 입장을 취했던 것이다. 복잡한 마찰 끝에 이승만은 교장직을 내려놓는다. 그렇지만 동포들의 후원에 힘입어 감리교 측과 완전히 분리된 독립적인 민족교육 기관 **한인기독학원**을 수립했다. 조선인에 의한 조선인의 근대학교였다.

이승만과 교민들의 땀과 애환이 서린 이 학교 교훈은 '최고의 행복은 최고의 행동에서 나온다(The greatest happiness comes from the greatest activity)'였다. 공허한 이론에 몰두하고 현실에 무력했던 양반들의 나라 조선이 어떻게 몰락했는지 누구보다 잘 아는 근대인의 비전이 이 한 문장에 잘 녹아있다. 이승만은 한인기독학원의 설립 시기에 맞춰 호놀룰루의 교파에 얽매이지 않는 독립적인 한인교회도 설립했다. 이 교회는 미주 곳곳에 퍼져나가 1930년대 후반 세례 교인 수가 1,200여 명에 달하게 되었다. 교인들은 똘똘 뭉쳐 차츰 교육, 신앙, 경제 전반에 걸쳐 여러 사업을 해냈고, 타국에서 독립을 위해 힘쓰던 가장 성공적인 조직이 되었다.

1950년대에 하와이 교민들은 한인기독학원의 토지와 재산을 매각해 조성한 돈으로 한국의 인천에 공과대학을 세웠다. '인천'과 '하와이'의 첫 글자를 딴 인하라는 이름은 한국의 역사 깊은 종합대학 인하대학교로 면면히 이어졌다. 하와이는 모두 여덟 개 섬이기에, 이승만은 하와이 팔도를 조선 팔도八道에 비유하며 자유의 대한민국을 기대하기도 했다.

"이 여덟 섬에 한인이 아니 가 있는 곳이 없으니 가위 조선 팔도라. 장차 이 속에서 대★조선을 만들어 낼 기초가 잡히기를 바랄지니, 하나님이 십 년 전에 이리로 한인을 인도하신 것이 무심한 일이 아니 되기를 기약하겠도다."[2]

2 「태평양 잡지」 1914년 6월.

독립의 벗들

다음 소개하는 두 인물은 독립과 건국의 꿈을
함께 나눈 이승만의 동지이자 라이벌들의 이야기다.
이들은 때때로 맞섰다가 화해했고 반목하고
다시 추스려 같은 꿈을 결의해 나눴다.
이를테면 가장 치열했던 한 시절을 살았던 독립의 벗들이다.

백범 김구(白凡, 金九)
유연하며 강직한,
한국 해외 독립운동의
지휘자

　백범 김구白凡, 金九는 이승만과 더불어 한국의 현대 독립운동사를 양분하였던 민족사의 거인이다. 두 사람은 여러 면에서 대조적인 성미와 기질, 이상을 겸비했으나 궁극적인 역사의 중책을 함께 나누어 진 벗이었다. 두 사람이 갈라서게 되는 것은 민족사의 어쩔 수 없는 한계이자 상흔을 상징하는 것이기도 했다.

　김구는 이승만이 태어난 이듬해인 1876년 황해도 해주에서 태어났다. 이승만과 동향이면서 연배도 거의 같았던 김구는 당시의 소년들이 대개 그렇듯 생애 초기, 한학을 성심껏 배웠다. 청년기에는 동학에 심취해 입교했다. 그는 해주에서 직접 농민조직을 꾸려서 대중 운동 조직으로 키워내기도 했다.

　김구는 당시 많은 독립운동가들이 그렇듯 만주 일대

로 떠났다. 만주는 기회의 땅이자 일제에 억눌린 한민족의 옅은 숨구멍 같은 곳이었다. 만주의 독립운동가들은 이승만, 안창호의 미국과 더불어 해외 독립운동의 실질적 무대 위에서 묵묵히 자신의 역할을 해냈다. 김구는 이때부터 본격적으로 의병운동과 항일 독립 투쟁의 지도자 길을 걷게 된다.

백범 김구와 우남 이승만은 많은 부분에서 노선적 차이를 보였다. 당시 이승만이 수도 서울을 중심으로 기독교 세력과 연계하며 서구적 언론운동, 시민운동을 했던 것에 비해 백범은 활동 초기부터 동학농민운동의 경향성을 이어받은 적극적 무장투쟁노선을 주로 견지했다. 이승만이 서구 문명을 한국에 적극 이식하려는 자유시장주의 실천가였던 것에 비해 백범은 동아시아적 전통 철학에 근간한 지도자였다.

3·1운동의 실패는 한국의 독립운동가들이 부득불 해외 항일투쟁으로 노선을 전환할 수 밖에 없도록 만들었다. 백범도 마찬가지였다. 암울한 국내 환경에서 투쟁의 길을 찾지 못하는 동지들이 백범의 주변으로 몰려들었다. 그는 일본의 힘이 뻗지 않는 중국 상해로 이주해 운

동가들을 규합했다. 이 시절 함께 일했던 독립운동가로는 이시영, 이동녕 등이 있다. 당시 많은 임시정부 조직들이 만주와 연해주 일대에 우후죽순 세워져 있었으나 김구가 주축이 된 상해 임시정부는 유독 돋보였다. 성격과 색깔이 제각각인 동지들을 규합하는 김구의 특유의 인화성과 용맹성이 도드라졌다.

김구는 이봉창, 윤봉길 등 애국적 청년들을 지휘해 일본왕 저격, 홍커우 공원 폭탄 투척 등 의거를 기획했다. 무력해 보였던 한국의 독립운동사에 가장 도드라지는 한 장면을 만들어내며 숨죽인 곳곳의 민족주의자들을 고무시킨 쾌거였다.

한편 김구는 중국 국민당의 장제스와 한국인 무관학교 설치를 논의했으며 분열을 빚던 민족주의자들을 규합해 단일조직인 한국독립당을 발기했다. 참으로 힘겹던 임시정부의 법통과 명맥을 이은 김구는 1940년 임시정부 주석으로 선출되었다.

지도자로서 김구의 가장 매력적인 장점은 분열과 갈등을 빚던 임시정부 조직을 보듬을 수 있는 포용력이었다. 규범적이고 원칙주의적인 이승만의 완강함에 비해 김구는 보다 원만하고 포용적 성향으로 두루 존경을 얻었다. 운영비가 수시로 바닥나고 공산주의 계열과 민족주의, 아나키스트 등 다양한 독립운동가들이 갈등하는 틈바구니에서 김구는 고뇌했다. 노선적 차이에도 불구하고 그는 민족주의자이자 반공주의적 철칙을 견지해온 이승만의 반세기 동지였다.

그러나 김구의 생애 마지막 2년은 고독하고 괴로운 결정의 연속이었다. 1948년 UN이 북한의 일방적인 정부조직에 맞서 남한만의 단독 총선거를 결의하자 그는 여기에 과감히 반대하고 맞섰다. 독립운동의 가교 역할을 했던 그였지만 이 대목에서 이승만의 노선과 결정적으로 갈라지고 말았다. 김구는 "38선을 베고 쓰러지는 한이 있더라도 38선을 넘겠다."라며 주변의 만류를 뿌리치고 북한의 김일성과 만났다. 이 만남은 쓰라린 실패로 남았다. 이미 강력한 군사, 행정 조직을 마련하고 정부까지 수립해놓은 김일성은 도리어 군사 퍼레이드에 김구를 배석시키고 홍보에 활용하는 등 그의 선의를 악용했다. 김일성과의 담판이 실패하자 김구는 깊이 좌절했고 자택에 은거하기에 이른다. 그는 새 대한민국 정부 수립에도 참여하지 않았다. 평생을 독립운동에 힘썼던 통합적 민족주의자 입장에서 분단된 조국을 인정하고 수용하는 것은 너무나 괴로운 일이었다. 2선으로 물러선 그는 1949년 6월 26일 자신의 한국독립당 당원이기도 했던 육군 소위 안두희安斗熙에게 피살되었다. 반세기를 훌쩍 넘겨 여전히 분단 중인 조국의 모습은, 백범의 미완의 꿈으로 남아있다.

도산 안창호(島山, 安昌浩)
민족기업과
교육사업의 꿈

남달리 섬을 사랑하여 **도산**島山이라는 호를 지었던 **안창호**安昌浩는 1878년 평안남도 강서에서 출생했다. 김구, 이승만처럼 서당에서 한학을 배운 그는 청일전쟁의 진행 상황을 살피며 역사의 축이 서구적 근대주의로 완전히 기울었음을 실감했다. 그는 복고적이고 전통사회의 보존을 기치로 내건 유교 사상을 버리고 기독교에 귀의했다. 도산은 1897년 이승만과 더불어 **독립협회**에 가입해 활동하며 독립운동사에 본격적으로 이름을 알리기 시작했다.

안창호는 서구의 신학문을 배우기 위해 1902년 미국 샌프란시스코로 건너갔다. 샌프란시스코는 이승만의 하와이처럼 안창호의 해외사업의 거점 역을 했다. 그는 이곳에서 교포사회를 조직하고 힘을 응축할 수 있도록

한인공동협회를 설립했고 「공립신보」라는 신문도 발간했다.

을사조약이 체결되었다는 소식에 다급히 한국에 귀국한 그는 비밀결사단체 신민회 조직에 핵심적 역할을 했다. 「대한매일신보」 활동을 하였으며 민족자본을 양성해야겠다는 신념으로 대구에서 출판사업과 도자기 회사를 설립했다. 민족기업의 꿈은 가장 도산다운 이상이었고 이승만, 김구의 노선과도 다른 그만의 도드라진 민족재건의 전략이었다.

안창호는 또한 평양 대성학교를 설립해 민족 지도자와 엘리트를 양성하는 데 힘썼다. 안창호는 이처럼 기업가이면서 교육자, 언론인이자 독립운동가의 일을 성공적으로 오갔던 근대적 지식인이었다. 민족기업과 애국적 엘리트 양성의 긴 안목은 단순히 항일과 독립뿐 아니라 '부국'이라는 새 시대의 이상이 서려 있었다. 그는 몇 수를 앞서 바라보는 선각자였다.

안중근이 일본 총리 **이토 히로부미**를 암살한 일로 쫓기던 무렵, 안창호 역시 1911년 미국으로 망명했다. 미국에서 그는 '흥사단'을 조직했고 이승만과 더불어 미국을 중심으로 한 해외 독립운동에 힘썼다. 이후 안창호는 중국에 독립운동기지를 마련하기 위해 힘썼다. 그러나 일본이 중국을 본격적으로 침공하면서 거점 마련은 다시금 실패했고, 결국 윤봉길의 홍커우 공원 폭탄 투척에 개입된 혐의로 일본군에 체포되기에 이른다. 그는 여러 차례 투옥과 석방, 재투옥을 반복하다 쇠약해진 몸을 견디지 못하고 끝내 병으로 사망하고 말았다.

안창호와 이승만은 인생과 이력에 포개어지는 지점이 무척 많다. 둘은 미국을 중심으로 한 독립운동의 거두로 쌍벽을 이루었고, 연령, 서양식 교육경력, 기독교 신앙, 투옥생활과 상해 임시정부에서의 이력 등이 닮았다. 그러나 안타깝게도 미주 한인사회 초기에는 어디서든지 이승만계와 안창호계의 반목과 갈등이 있었던 것도 사실이다. 캘리포니아를 독립운동의 거점으로 삼았던 안창호와 하와이, 워싱턴 등지를 중심으로 했던 이승만 사이에는 상당한 간극과 갈등이 있었다.

독립운동의 철학과 이상 면에서도 이승만과 안창호는 다소 달랐다. 정치와 외교를 중심으로 독립운동에 몰두했던 이승만에 비해 안창호는 보다 장기적인 국력 향상에 뜻을 두었다. 그는 민족기업 수립과 교육을 통한 민족성 개조에 초점을 두었다. 이승만이 빼어난 서구적 자유주의의 신봉자였다면 안창호는 민족자본을 숙성시켜 국부를 늘리고 엘리트를 양성하겠다는, 이를테면 민족적 시장주의자였다.

당신의 마음에 애국심이 없다면,
당신의 마음이 바로 당신의 적이다.
만약 당신의 마음속에서 공동의 대의를 위한
투쟁에 참여하지 말라는 유혹이 일어난다면
당신은 당신의 그 감정과 치열하게 싸워야만 한다.

〈이승만 다시보기 中〉

04
임시정부 시절,
상해와 워싱턴에서
활동하다

3·1운동과 1차 한인회의

해외 교민 조직을 잘 조직된 독립운동의 배후로 다져가던 이승만의 노력은 여러모로 성공적이었지만, 안타깝게도 국제정세는 한국에게 불리하고도 서러운 일의 연속이었다. 당시 일본은 제국주의의 야심을 드러내지 않으면서, 미국, 영국 등 자유주의 국가와 친교를 유지하고 있었다. 1914년부터 4년간 전 세계의 강대국들이 편을 나눠 싸웠던 **제1차 세계대전**에서 일본은 교묘히 승전국의 편에 섰다. 미국과 일본은 그 당시 외교적으로 끈끈한 사이였고, 미국은 한국의 어려운 사정을 알면서도 굳이 일본과의 관계를 어그러뜨리려 하지 않았다.

이승만은 1919년 제1차 세계대전 후의 국제질서를 논하던 **파리평화회의**에 참여해 한국의 독립을 호소하려 했다. 우드로 윌슨 미국 대통령의 민족자결주의는 한국을 비롯한 세계의 식민지 국가들에게는 한 줄기 희망이었다. 게다가 윌슨은 프린스턴 대학 시절 이승만의 은사이며 가족끼리도 절친했던 사이였다. 파리평화회의에 맞춰 이승만은 필라델피아로 급히 떠났다. 이곳에서 서재필을 만나 전략을 짜고 워싱턴으로 향했다. 그러나 일본과의 마찰을 우려한 윌슨은 과거의 제자에게 파리에 오지 말라는 내용의 서한을 보냈다. 이승만은 또 한 번 깊은 좌절을 겪었다. 사적 인연과 국익은 엄연히 다른 차원임을 절감할 수밖에 없었다. 그 옛날의 은사이자 신앙의 벗이었던 윌슨은 어느덧 대국의 수장으로 저만치에 우뚝 서 있는 존재가 되었다.

1919년 2월 만주 지린에서 만주와 연해주, 중국, 미국 등 국외에서 활동 중인 독립운동가 39인의 명의로 작성된 대한독립선언서(무오독립선언서)가 발표되었다.

독립을 위해 최후의 한 사람까지 투쟁할 것을 선언한 **2·8독립 선언**은 3·1운동의 도화선이 되었다. 1919년 3월 1일 손병희, 이승훈, 한용운 등 종교 지도자들로 구성된 민족 대표 33인 가운데 29인은 경성 인사동의 태화관에서 독립선언서를 낭독하고, 만세 삼창을 부른 후 일본 경찰에 연행되었다. 탑골 공원에 모인 학생과 시민들은 따로 독립선언식을 하고, 대규모 만세시위를 했다. 만세시위는 순식간에 전국의 주요 도시로 확산되었으며, 전국 남녀노소가 대한독립을 외치는 거국적 민족운동으로 발전했다.

이승만은 3·1운동이 들불처럼 일었다는 소리를 들었다. 곳곳에 숨죽인 민족주의자들이 어떻게든 온몸을 던져 독립을 도모하고 있었다. 워싱턴의 이승만도 계속 좌절해 있을 수만은 없었다. 이승만은 서재필과 함께 해외 한인들을 소집했고, 4월 14일 필라델피아에서 3·1운동의 열기를 이어 150명의 한인들과 함께 1차 한인대회를 개최하였다. 사흘간의 회의 도중 이승만은 자신이 **상해 임시정부**의 수반首班으로 선출되었다는 소식을 듣는다. 그리하여 한인대회는 단순히 독립선언을 하는 자리를 넘어서 독립 후의 건국을 구상하는 자리가 되었다. 이승만과 한인 지도자들은 미국 독립혁명 당시 건국 방향을 논의한 1차 대륙회의를 본떠 **1차 한인회의**로 대회의 명칭을 바꾸었다. 독립을 향한 간절한 염원의 표현이었다.

이 자리에서 3·1운동 이후 임시정부를 중심으로 한 해외 독립운동의 방향이 논의됐다. 중국과 미국을 양축으로 하는 해외 독립운동에서 이승만은 중요한 연결고리였다. 동포들은 먼 꿈만 같은 독립의 순간을 논하며 한인회의를 끝마쳤다. 한인회의가 끝난 후 비오는 필라델피아에서 미주 한인들은 시가행진을 하였다.

필라델피아 시장의 도움으로 군악대가 선두에 섰다. 태극기를 흔들며 비오는 거리를 감격에 차서 걷는 키 작은 아시아인들의 행진을 미국인들은 신기한 눈으로 바라보고 있었다. 꿈은 멀어 보였고 현실은 싸늘했다.

외교의 시작

이승만은 워싱턴에 사무실을 마련했고 미국인 변호사를 법률고문으로 삼았으며 한국인 자제들 중 총명한 이들을 사무원으로 채용했다. 그는 한국을 독립국으로 인정해달라는 서한을 미국 대통령 윌슨을 비롯한 각국 정상들에 보내기 시작했다. 그러나 일본의 막강한 정치·외교적 영향력 속에 가려져 강대국 정치인들 눈에는 어디 있는지조차 알려지지 않은 식민지 사람의 서신일 뿐이었다. 작은 식민지의 망명 지도자가 보내는 서한에 국제 외교가의 반응은 사실상 전무했다. 그러나 이승만은 외교의 힘을 믿고 있었다. 강대국 사이의 힘의 역학 속에서 작고 꾸준한 활동을 이어가다 보면 돌파구가 열리리라 기대했다.

이승만은 특히 제1차 세계대전 이후 유럽 국가들을 제치고 최강자로 군림해가는 미국의 움직임을 예민하게 살폈다. 오랜 외교적 부침 속에 사방으로 얽혀있는 유럽 국가들에 비해 미국은 외교적으로 복잡한 난맥 없는 말끔한 젊은이와 같았다. 유럽 국가들이 서로 다투면서 쪼그라든 자리에 미국이 성큼성큼 힘을 펼치기 시작했다. 곧 태평양권 일대에 맹주가 될 미국이 대한민국의 우방이 될 시기를 이승만은 기다렸고, 기대했다.

3·1운동은 한국인에게 희망이었다. 식민통치를 침묵과 무력함 속에 받아들이는 것처럼 비춰졌던 한국인들이 국민 전체적으로 강력한 저항의 의지를 보여준 첫 사건이었다. 왕족이나 일부 엘리트가 아니라 한국의 평범한 대중들이 하나의 목소리로 독립을 요구한다는 사실을 국제사회에 보여준 것은 매우 의미심장했다. 하지만 한편으로 국내에서의 독립운동에 혹독한 탄압이 가해짐으로써 독립운동의 주 활동지는 해외가 되었고, 러시아와 중국, 미국 등지에 여러 개의 임시정부가 설립되는 계기가 되었다.

Republic of Korea, President Rhee

3·1운동 직후인 1919년 3월 21일에 러시아 블라디보스토크에서 교민들과 이동휘 등의 독립운동가들이 합심하여 **노령**(러시아령) **임시정부**를 선포하였고, 이승만은 국무총리 겸 외무장관으로 추대되었다. 뒤이어 4월 11일에는 **상해 임시정부**가 수립되었고 이승만이 정부 수반으로 선출되었다. 같은 달 23일에는 서울에서 **한성 임시정부**를 선포하고 이승만을 수반인 총재로 임명했다.

1919년 4월 각지의 임시정부에서 총리와 수반으로 추대된 이승만의 목에 일본제국 정부 명의로 엄청난 현상금이 걸렸다. 그해 가을 세 개의 임시정부를 통합한 대한민국 임시정부가 중국 상해에 세워졌다. 임시 대통령으로는 역시 이승만이 추대되었다. 영어로 정부 명칭은 오늘날 대한민국이 사용하고 있는 Republic of Korea, 수장의 호칭은 President로 번역했다. 이승만은 1919년 상해 임시정부의 초대 대통령이었고, 이후 1948년 대한민국의 초대 대통령이 되었다.

이승만은 6월 14일 미국, 영국 등 서구 열강들과 파리강화회의 의장 클레망소에게 각각 한국의 독립 선포와 민주적 정부 탄생을 알렸다. 그리고 워싱턴 주재 일본 대사관에는 즉각 한국 내의 일본군과 관리들을 철수할 것을 촉구했다. 미국과 유럽을 외교적으로 상대하는 대사관 역을 하는 **구미위원회**가 이승만을 중심으로 망명 정부의 거점 역을 했다.

초반에는 열정적인 교포들의 성금으로 운영되던 구미위원회는 대한민국 '독립공채'를 발행해 자금을 모았다. 한국의 독립을 조건으로 연 6%의 이자율로 상환한다는 조건의 공채는 몹시 성공적이었고 8만 달러 이상의 자금을 모금할 수 있었다.해외 독립운동 단체가 모금한 금액 중 가장 고액이었다. 이승만의 구미위원회는 상해 임시정부로 매년 1천 달러 이상의 자금을 송금했다. 미국과 프랑스에서는 독립운동 관련 저서와 팜플렛 출판을 시작했다. 서구의 각 도시에 후원회를 조직하고 그 활동을 지원했으며 약 2만 5천여 명의 해외 회원을 확보했다.

이승만의 구미위원회가 자금 모집과 함께 가장 힘쓴 사업은 미 의회에 한국의 독립 문제를 상정하도록 끊임

구미위원회
독립공채

없이 로비하고 설득했던 일이다. 3·1운동의 강렬했던 모습이 전해지고, 이승만을 비롯한 재미 독립운동가들의 노력 속에 상원 본회의에 한국의 독립안이 상정되지만, 안건은 34대 46으로 부결되고 말았다. 비록 아쉬움이 남는 실패였지만, 미국 정치권에서 일본을 경계하기 시작했다는 표시였고, 한국의 독립에 관한 논쟁들이 워싱턴을 달구기 시작했다는 뜻을 확인할 수 있는 계기였다.

이승만의 벗이자 동지였던 서재필은 필라델피아에서 Philip Jaisohn & Company라는 인쇄소를 운영 중이었다. 그는 3·1운동을 기점으로 본격적인 한국 선전활동을 시작했다. 서재필과 이승만은 미국 내 친한파 시민과 지식인, 종교인들을 규합해 **한국 친우회**를 결성했고, 조직을 확대시켜 나갔다. 미국 내 언론인, 법률가들도 속속 구미위원회와 한국 친우회에 가입하며 고문단 역을 했다.

상해의 독립운동가들과 함께

이승만은 1919년 10월부터 1920년 6월까지 미국 각지를 순회하며 대한민국의 독립 지지 호소 강연과 홍보 활동을 하고 다녔다. 이 시기 이승만은 상해의 독립운동가들에게 독립운동의 자금을 보내주는 핵심 인사였다. 그러나 그들은 멀리 미국이라는 나라에서만 활동하는 이승만의 뜻을 이해하지 못했다. 많은 독립운동가들에게 중국이야말로 독립운동의 최전선이었고, 임시정부의 대통령인 이승만은 당연히 상해에서 그 역할을 해야 한다고 생각했다. 이들은 이승만이 중국에 와서 대통령으로서의 역할을 해줄 것을 강력하게 요구했다.

이승만은 밀항을 위해 1920년 6월 29일 호놀룰루에 도착하였고, 그 후 10월에 워싱턴에 남아있던 비서 임병직을 불러 함께 상하이로 떠날 궁리를 했다. 이승만은 호놀룰루에서 장의사葬儀社를 하던 친구 **보스윅**William Borthwick의 집에 머물며 그가 적당한 배편을 잡아줄 때까지 기다렸다. 보스윅은 11월 16일경 일본을 경유하지 않고 상하이로 직행하는 운송선 웨스트히카호의 2등 항

해사를 매수하여 두 사람을 남몰래 승선시켜 주었다. 명색이 임시정부의 수장이자 대통령이었지만 밀항을 위해 배 밑바닥 선창, 중국인 시체를 담은 관 옆에 누웠다. 통풍장치가 전혀 없는 곳에 숨어서 하룻밤을 꼬박 세운 다음 배가 하와이 영해를 벗어난 뒤에야 갑판 위로 나올 수 있었다. 뒤늦게 밀항자를 발견한 선장은 다행히 눈감아 주었다. 이승만이 상해에 도착한 것은 12월이 다 되어서였다. 현상금을 내걸었던 일본 정부의 감시를 피하고자 중국 내 프랑스 정부 관할지(조계)로 비밀리에 이동해 미국인 목사의 집에 기거했다.

중국 대륙에서 자신의 수배 전단지를 발견한 이승만은 중국인 복장을 구해 중국인 행세를 하며 신분을 위장한 끝에 상해 임시정부 청사를 방문하여 각료들을 접견할 수 있었다. 1920년 12월 28일 교민들이 베푼 환영회에 참석하고, 이듬해인 1921년 1월 1일부터 임시 대통령으로 공무를 시작한다. 그러나 상해에서 직접 마주한 임시정부의 사정은 놀라울 정도로 복잡했다.

임시정부 내에서 이동휘의 **무장투쟁론**, 이승만의 **외교독립론**, 안창호의 **실력양성론** 등 독립운동의 방향

이 달라 깊은 갈등이 생겼다. 이승만이 한국을 국제연맹의 위임통치 하에 관리할 것을 청원했던 일들을 두고도 갈등을 빚었다. 청원은 미국에 있던 독립운동가들의 합의에 따라 마련되었고, 안창호가 승인한 후 이승만의 국제법 검토를 거쳐 윌슨 대통령에게 보내졌다. 그 내용은 "한국의 완전독립을 보장한다는 전제하에 한국을 일본 학정에서 해방시켜 일정기간 국제연맹이 통치해 달라."였다.

국제정세에 누구보다 밝았던 이승만은 그 당시 한국을 제국주의 일본의 무단통치로부터 해방시키는 것이 먼저라고 판단했다. 독립된 한국이 스스로를 통치할 능력이 부족하다고 인정될 경우에 일정기간 위임통치를 요청하였다. **국제연맹**에게 한국을 통치해달라고 청원한 것이 아니었다. 좌익 진영에서도 해방 후 신탁통치는 카이로 선언을 이행하는 과정이므로 감수해야 한다고 주장했었기에, 위임통치 청원을 비난하는 것은 사실 모순이 있다.

미국 내 독립운동가들의 삶이 상대적으로 풍요롭고 수월했다고 오해하는 상해 독립운동가들도 있었다. 출신, 사상, 교육, 정치적 입장도 제각각인 중국 내 독립운동가들 중 많은 이들이 이승만의 미국 중심 외교노선을 인정하지 않으려 했다. 그러나 이승만은 한국이 독립국이 되려면 일본과 싸우는 것 못지않게 국제사회의 지지를 얻어야 한다고 굳게 믿고 있었다. 당시 일본은

국제사회에 '한국은 자립할 능력이 없는 미개한 국가'라고 선전해 왔다. 그렇기 때문에 한국인의 무장 봉기가 있을 때마다 이름 모를 약소민족의 테러 행위로 인식되어 국제 여론이 악화되고 오히려 일본의 논리와 선전에 동조하게 된다고 이승만은 생각했다.

서로 다른 이상향과 분열

당시 신채호를 비롯하여 중국에서 활약하던 독립운동가들 다수는 무장투쟁 독립론으로 기울어 있었다. 이승만이 최선을 다했던 독립자금 지원도 이들의 기대에는 부족했다. 이승만은 미국식 자유민주주의를 추구하고 소련식 사회주의를 배격하는 입장이었지만, 그 당시 이동휘, 여운형 등 많은 독립운동가들은 사회주의의 문제점과 한계를 깨닫지 못하고 있었다.

지금은 사회주의, 공산주의가 몰락했지만, 그 당시에는 그 잔혹함과 실체가 드러나지 않은 시절이었다. 독립을 위한 방법론과 추구하는 이상향이 그토록 달랐고, 갈등을 해소할 돌파구가 당장 보이지 않았다. 그들의 갈등이 얼마나 깊었던지 이승만이 일본이 아닌 동료 독립운동가에게 희생당할지도 모른다는 소문도 돌았다. 한국의 독립운동이 얼마나 참담한 지경에 놓여있는지 보여주는 장면이기도 했다.

급기야 1921년 1월 국무총리였던 이동휘가 이승만의 미국 주도 외교독립론을 반대하며 사퇴하고 시베리아로 떠난 일을 계기로 학무총장 김규식, 군무총장 노백린, 노동국총판 안창호 등이 연달아 사퇴하고, 제각각 본인들의 거점지역으로 떠났다. 무장 항일투쟁을 추구하는 독립운동가들과 외교적 실리 노선을 추구하는 이승만은 너무나 달랐다. 새로운 나라를 세우기 위해 준비 중인 사람들이었으나 서로 다른 방법을 주장했던 것이다.

다시 미국으로

이승만은 결국 1921년 5월 다시 미국으로 떠나게 되었다. 미국행의 명분은 태평양 내 9개국의 군사회담장에서 한국의 독립을 호소하기 위함이었다. 이승만은 외교상 긴급과 재정상의 절박함 때문에 부득이 상해를 떠난다는 교서를 남기고 호놀룰루행 배에 탔다. 일본인 스파이들을 따돌리기 위해 새벽녘에 필리핀 마닐라로 향하는 배를 탔고, 한 달 후 하와이에 당도했다. 분열의 극치에 이른 독립운동 지도자들의 광경은 후일 꿈에 그리던 일본으로부터의 해방 이후에도 나라 만들기 행보가 만만치 않을 것임을 암시하며 마주할 혼란을 압축적으로 예견하는 듯했다.

하와이로 돌아온 이승만은 자신의 지지자들을 모아 **대한인 동지회**를 조직했다. 상해 임시정부 시절, 조직이 부재한 상태에서 맨몸으로 노선 갈등에 맞닥뜨리면 어떤 실패가 닥칠 수 있는지 몸소 겪었던 그였기 때문이다. 상해를 떠난 명분인 워싱턴 군축회담은 그해 10월부터 이듬해 1월에 걸쳐 열렸다. 이승만, 서재필, 정한경 등 임시정부 한국대표단은 한국독립청원서를 대사 자격으로 제출했다. 일본을 견제하기 위해 한국의 독립이 필요하다는 것이 청원서의 핵심이었다. 이승만은 미국 내 신문들에 이러한 내용들을 특별기고문 형태로 게재했는데, 이 과정에서 평생의 친구가 된 기자 **제이 제롬 윌리**

엄스Jay JeromeWilliams를 만났다.

한국대표난의 회의 참석은 대한민국 임시정부가 국제적으로 승인받은 기구가 아니라는 일본의 외교적 공작과 압박으로 무시되곤 했다. 재미 한국인과 비할 수 없이 막강한 미국 내 일본인 조직의 힘과 논리에 미국인들도 휘둘리고 있었다. 이승만은 새삼 힘의 정치가 국제사회를 지배하는 논리가 된다는 사실을 절감하지 않을 수 없었다. 그나마 일사불란하고 여유 있던 미국 내 한인조직에서조차도 갈등이 있었다. 1920년대 이승만의 상황은 여러모로 암울했다. 이승만의 영향력도 약해져 가고 있었다.

이승만이 견지한 미국중심론과 외교론은 1920년대 내내 독립운동가들 사이에서 거의 부정당하고 있었다. 하와이와 미국 내 이승만 지지세력을 제외하면, 이승만은 한국인들 사이에 거의 환영받지 못하는 존재가 되었다. 독립운동가들을 묶어준 임시정부마저도 분열되어 있었고, 무장투쟁을 주창하던 상해 임시정부의 독립운동가들 다수는 결국 1925년 3월 이승만을 탄핵彈劾하기에 이르렀다. 이승만의 활동 기반이었던 구미위원부마

저 안창호 지지자들로 구성된 국민회 중앙총회로 넘어
갔다. 그로 인해 이승만과 상해 임시정부의 관계는 한동
안 끊어지게 되었고, 이승만은 한성 임시정부의 총재 자
격만 갖게 되었다. 1940년대에 이르러 김구의 상해 임
시정부에 김원봉 등 공산주의자들까지 합세하게 되자
이승만은 이를 우려하며 예의주시하였다.

다시 찾아온 기회와 좌절

1930년대에 이르러 이승만이 일관되게 주장해온
외교 중심 노선의 중요성이 부각된다. 1931년 일본이
만주사변을 일으키자, 워싱턴의 정치인들은 일본의 움
직임에 긴장하기 시작했다. 일본을 견제해야 할 잠재적
적국으로 보기 시작한 것이다. 일본과 미국 사이에 틈
이 생겨야 독립의 가능성을 찾을 수 있다는 이승만의 외
교중심 노선이 점점 현실에 가까워지고 있었다. 1933년
스위스 제네바에서 일본의 침략을 규탄하는 국제연맹
총회가 열렸다. 이승만은 상해 임시정부의 대표 자격으
로 비행기를 탔다. 하와이 교민들이 경비를 지원해 주었

다. 이때쯤 이승만은 김구가 이끄는 상해 임시정부와 상당히 관계를 회복한 상태였다.

크리스마스 시즌 제네바 시내는 각국의 외교사절과 기자들로 분주했다. 이승만은 숨 가쁘게 회담장과 기자회견장을 다니며 인터뷰에서 한국의 독립을 회담 의제로 채택해달라고 호소했다. 한국을 독립시켜 일본을 견제하자는 그의 주장은 1920년대에는 무시되곤 했지만, 만주사변(1931) 이후 유럽과 미국 외교가에서 서서히 의미 있게 받아들여지기 시작했다. 이승만의 주장이 프랑

스와 독일 신문에 실렸고 이승만은 국제연맹 부설 라디오 방송에서도 연설했다. 소련의 팽창을 일본의 힘으로 막아야 한다는 일본 측의 논리와 일본의 팽창을 우선적으로 억눌러야 하며 한국이 그 역할을 할 수 있다는 한국 측의 논리가 맞서고 있었다. 회담장 주변의 여러 지식인과 언론인들은 상당수 일본의 군국주의에 적대적이었기에 이승만의 주장을 무게 있게 다루었다.

1910년 강대국들은 일본의 세계 정복 계획을 알지 못했다. 단지 한국을 희생하면 일본이 이에 만족하고 만주에서 개방정책을 펼칠 것이라고만 믿었다. 그러나 언젠가는 전 세계가 속았다는 것을 알게 될 날이 오리라는 것을 알고 있다. 이제 지구상의 모든 나라들이 한국은 일본의 침략 야욕의 첫 번째 단계이고 만주가 다음 단계이며, 이것이 결코 끝이 아니라는 사실을 분명하게 알게 될 것이다. 그러므로 지금이야말로 우리는 극동의 평화를 실현하고 국제연맹을 존속시키기 위해 강대국들은 서로 함께 모여 일본을 그들이 원래 속한 섬나라로 돌려보낼 것을 전 세계에 알려야 한다는 나의 의견을 피력했다.[3]

---

3 이승만 영문 일기. 1933년 1월 13일 기록.

훗날 역사가 증명하듯이 그 당시 이승만의 혜안慧眼은 정확한 것이었다. 그러나 국제연맹 사무국은 여전히 일본의 로비에 휘둘리고 있었다. 한국의 독립 문제는 끝내 총회 의제로 채택되지 못했다. 좌절할 새도 없이 이승만은 어떻게든 방법을 마련해보려 소련 비자를 얻어 모스크바까지 갔다. 만주사변 이후 일본을 본격적으로 견제하던 소련이라도 한국의 독립에 도움이 될까 싶은 간절한 마음이었다. 그러나 크렘린궁을 눈앞에 두고 이승만은 사실상 쫓겨나다시피 출국을 당했다. 나중에야 알았지만 이 당시 이미 일본은 소련과 만주에서의 철도사업을 논의하는 중이었다. 일본의 외교력과 경제력은 자유진영, 공산진영 양측에서 압도적인 것이었다. 이승만이 자유주의 소신마저 굽히고 공산진영에 접촉을 시도한 것이지만 이마저도 도리 없이 물거품이 되어버렸다. 이승만은 번민의 나날을 보내야 했지만, 항상 국제정세를 예의주시했고, 돌파구를 고민했으며, 기회가 있을 때마다 행동했다.

우리 모두가 지구 표면으로부터 전쟁을 소멸시키기 위해
힘이 닿는 한 모든 노력을 해야 할 것입니다.
그러나 인간에게는 생명보다 더 귀중한 무엇이 있습니다.
자유 없이 살아본 경험이 있는 사람들은
여러분이 누리는 자유의 가치를 압니다.

〈이승만 대통령 방미일기 中〉

05
노년의 이승만,
대한민국의
해방을 마주하다

Japan Inside Out(일본내막기)

오늘날 미국은 전 세계에 영향을 미치고 있지만, 한 세기 전만 해도 다른 나라의 일에 일체 간섭하지도 않고, 간섭받지도 않기로 하는, 이른바 '고립주의isolationism'를 표방했다. 미국의 첫 대통령인 조지 워싱턴은 고별 연설에서 "어떠한 나라와도 복잡한 동맹관계를 맺지 않고 유럽의 분쟁에도 휘말리지 말자."라고 강조했다. 힘겨운 독립전쟁을 끝내고 자유시민 국가를 만들어낸 미국인들은 누구에게도 간섭받지 않길 바랐다. 그저 근면히 일하고 풍요로운 자연의 혜택을 감사해하며 살기를 바랐으며 신대륙 밖의 일에는 무관심이었다. 그것이 건국 이래 미국 외교의 기본원칙이었다. 이승만이 독립 쟁취를 위해 미국의 국력을 빌리고자 했지만, 이들의 마음을 얻는 데 어려움을 겪었던 까닭도 이와 무관하지 않을 것이다.

그러나 1940년대에 이르러 미국도 더는 국제정세를 외면할 수 없는 지경에 이르렀다. 독일의 히틀러로 인해 혼돈에 빠진 유럽 문제를, 미국의 힘을 빌려 해결해보려는 영국과 같은 우방의 끈질긴 노력도 있었다. 무엇보다 만주사변(1931)과 중일전쟁(1937)을 일으킨 일본이 기세등등하게 미국을 위협하기 시작했던 것이다. 이 무렵 이승만이 쓴 영어 논문 "Japan Inside Out"이 오랫동안 잠들어 있던 미국인들을 흔들어 깨웠다. 『일본내막기』 혹은 『일본의 가면을 벗긴다』로 번역되는 이 책은 이승만의 오랜 소신과 외교적 통찰력을 담은 명저였다.

이승만은 "Japan Inside Out"에서 당당하게 미국을 비판했다. 미국이 1882년 조선과 맺은 조미수호통상조약을 일방적으로 파기하고 1905년 일본이 한국을 보호국으로 만드는 것을 방조한 일을 지적하며 미국의 한국 독립에 대한 역사적 책임을 강조했다. 또한 이승만은

"Postponement is not a settlement. The forest fire will not extinguish itself(연기하는 것은 해결책이 될 수 없다. 산불은 저절로 꺼지지 않는다)."라고 경고했다. 이승만은 세계를 제패하고자 하는 일본 제국주의의 본질과 전쟁 심리를 간파하고 있었다. 그는 천황을 신으로 숭배하는 일본인의 의식과 문화가 군국주의와 결합했을 때의 결과를 예측했다.

이승만은 독일과 소련 등 국제정세를 예의주시하면서 풍부한 경험과 지식에 기초한 논리로 머지않은 장래에 일본이 태평양을 놓고 미국과 전쟁을 벌일 것이라고 주장했다. 설령 미국이 원하지 않더라도 일본과의 충돌과 전쟁은 불가피하므로, 전쟁을 미리 대비하거나 먼저 일본을 힘으로 제압하지 않으면 안 된다고 역설했다.

이승만은 이 책을 **프랭클린 루스벨트**(Franklin Delano Roosevelt, 1933-1945, 32대) 대통령과 영부인 엘리노아 여사, 스팀슨 육군 장군에게 직접 우편으로 발송했고, 친구인 혼벡 박사를 통해 헐 국무장관에게도 보냈다. 책이 출간되자마자 크나큰 파장을 불러일으킨 것은 아니었다. 태평양 멀리 떨어진 일본이라는 나라가 어찌 미국을 침공하겠느냐는 회의론이 있었고, 괜한 공포심을 조장하고 전쟁 분위기를 부추기려 한다는 비판도 있었다. 그러나 이 책은 그러한 평화주의자들과 고립주의자들을 정면으로 겨냥한 것이었다. 이승만의 국제정세에 관한 해박한 지식과 깊이 있는 통찰력은 의식 있는 지식인들의 경각심을 일으키기에 충분했다.

『대지』(1931년 작)의 작가 펄 벅Pearl Sydenstricker Buck은 "이것은 무서운 책이다. 나는 이것이 진실이 아니라고 말할 수 있었으면 좋겠으나 오직 너무 진실인 것이 두렵다. … 나는 이 박사가 대부분의 미국 사람들이 알지 못하는 사실, 곧 미합중국이 수치스럽게도 조미수호조약을 파기하고, 그럼으로써 일본의 한국 약탈을 허용했다고 말해준 것을 기쁘게 생각한다. 이 박사는 '이것이 큰 불이 시작되는 불씨였다'라고 말하고, 나는 이 말에 정말로 두려움을 느낀다. …"라며 공감을 표했다.

1941년 12월 7일 일본의 침공으로 미국령 하와이 진주만에 주둔해있던 거대한 위용의 미국 태평양 함대가 반나절 만에 쑥대밭이 되어버렸다. 미국인들은 충격에 빠졌다. 루스벨트 대통령은 라디오 생방송 자리에 섰다. 그는 무겁고 단단한 목소리로 일본과 그의 동맹국들인 독일, 이탈리아에 전쟁을 선포했다. 출간된 지 겨우 다섯 달 만에 이승만의 예상은 현실이 된 것이다. *Japan Inside Out*은 예언서 대우를 받으며 일약 베스트셀러가 되었고, 이승만의 외교적 입지도 함께 상승했다. 오랜 세월 독립운동 동지들에게 배척당해온 이승만의 외교 노선도 그 중요성이 다시 부각되었다. 태평양전쟁으로 이승만은 임시정부 주석인 김구와 다시금 적극적으로 소통하게 되었으며, 대한민국 임시정부의 주미 외교부 위원장으로 임명되었다.

이승만은 그 어느 때보다 분주히 움직였다. 하루하루가 촉박하고 중요했다. 미국의 정치인들을 상대하기 위해서 **로버트 올리버**Robert.T.Oliver라는 총명한 군사전문가이자 대학교수를 한국을 위해 일할 로비스트로 고용했다. 이승만과 교류해온 미국 기독교계 인사들이 소개해 준 인물이었다.

로버트 올리버는 펜실베니아주립대학교의 교수로서 1940년대부터 이승만의 고문으로 활동했다. 그는 이승만을 도와 미국의 신문과 각종 주간지에 일본의 식민지 통치에 대한 비판과 반대 글들을 기고했다. 이승만의 대통령 임기 12년 동안 미국의 수도 워싱턴에 한국태평양출판사Korea Pacific Press를 창립하고 대한민국의 해외 홍보를 담당한 '로비스트'이다. 그는 미국내 '지한파知韓派'의 원조격인 인사로 이승만을 알리는 책을 다수 출간했다.

이승만은 미 육군의 프레스턴 굿펠로우 대령도 후원자로 삼았다. 굿펠로우 대령은 '한국인들을 훈련시켜 일본과의 전쟁에 참전시키자'라는 이승만의 제안에 따라 여러 한국인들을 훈련시키기도 했다.

1943년 11월경 미국, 영국, 중국이 승전국의 지위로서 카이로에서 한국을 비롯한 전후 세계 식민지 해방을 논의하였다. **카이로 선언** 부칙에는 'Korea'란 국명만을 명시하여 "… 적법한 절차를 밟아(…in due course) 한국을 독립시킨다."라는 구절이 포함되었다. 수십 개의 아시아 식민지 국가들 역시 모두 독립시키기로 하였지만, 그 국명을 명시한 것은 한국뿐이었다. 혹자는 이를 장제스의 제안에 따른 것이라고 하나, 다른 연구[4]에 의하면 미국 프랭클린 루스벨트 대통령과 그의 특별보좌관 해리 홉킨스가 한국의 독립 문제를 먼저 제기하였고 장제스는 이에 소극적으로 동의하였다고 한다. 이승만은 카이로 회담이 열리기 전 루스벨트에게 세 차례나 영어 편지를 썼다. 그중 1943년 5월 15일 자 편지에서 이승만은 미국이 1882년 조선과 체결한 조미수호통상조약을 위반해 1905년과 1910년 일본이 한국을 강제 병합하도록 도운 일을 상기시키면서, 동아시아를 시작으로 불행한 사태가 확산된 것은 미국이 독립된 한국이 동양 평화의 보루라는 사실을 인식하지 못한 데서 비롯되

---

4   정일화, 『대한민국 독립의 문, 카이로 선언』, 선한약속, 2010.

었음을 강조하였다. 이는 *Japan Inside Out*에서 지적한 내용이기도 했다. 이승만은 미국 대통령 비서실로부터 5월 26일 '세밀한 주의'라는 표현이 담긴 답신을 받았다. 당시 국제정세를 되돌아볼 때 1943년경 루스벨트 대통령이나 홉킨스에게 영어로 한국의 강력한 독립 의사를 전달할 수 있는 사람은 사실상 이승만뿐이었다.

대한 독립 만세

누구보다도 국제정세에 해박하고 미국을 잘 알고 있었던 이승만의 시각으로 볼 때, 그 당시 일본은 결코 미국을 이길 수 없었다. 이승만은 미국이 승리한 이후를 대비하여 대한민국이 독립국으로 국제사회의 승인을 얻어낼 수 있는 방법을 발 빠르게 모색했다. 일차적으로 상해 임시정부를 미국 정부가 승인하도록 하고, 다음으로 미국의 무기를 공급받아 만주 일대에서 항전을 준비 중인 독립군의 무장을 계획했다. 이승만이 보기에 일본의 패망에 따라 한국의 독립 가능성은 그 어느 때보다 커졌다. 이승만은 워싱턴 주변의 친 한국계 미국인들을 모았다.

주 캐나다 대사 제임스 크롬웰James H. R. Cromwell과 파머 James W. Farmer, 윌리엄스Jay Jerome Williams, 법률고문 스 태거스John W. Staggers등을 규합해 **한미협의회**를 조직했다.

한미협의회는 미국 정부 관리들을 직접 상대하며 압박하고 설득했다. 미국 내에서 활동하던 친 일본계 인사들이 태평양전쟁으로 설 자리를 잃은 반면, 친 한국계 인사들은 그간의 설움을 딛고 급부상했다. 이들의 열정적인 활약으로 백악관 인근에서 한국인과 미국인들을 아우른 대규모 **한인자유대회**가 개최되었다.

이 대회에 참석한 미국 하원의원 존 커피를 위시한 정치인들은 연설에서 한국의 독립을 위해 최선을 다하겠다는 확약을 했다. 수많은 한국인들이 환호하고 울음을 터뜨렸다. 워싱턴 지역 방송에 한인자유대회가 실황 중계 되어 미국 내 한국의 영향력이 결코 미약하지 않음을 알렸다. 이승만의 오랜 염원과 계획대로 미국 내 한국인들은 일본인과 별개의 독립적 존재로 인정받기 시작했다.

태평양전쟁으로 일본은 점차 궁지에 몰리기 시작했다. 인력도 자원도 부족해진 일본은 한국인들을 더욱더

수탈하는 방법으로 발악했다. 일본의 점령 아래 있던 태평양 곳곳의 섬들이 미군에 의해 차근차근 점령되면서 일본은 본토에 고립되고 말았다. 1944년 당시 일본의 지배를 받던 사이판 섬이 해방되고 이듬해 1945년에는 오키나와 섬이 점령됐다.

마침내 1945년 8월 15일 일본은 무조건 항복을 선언했다. 당대의 어떤 무기보다 무시무시했던 원자폭탄 두 방으로 한때 기세등등하게 태평양을 장악하고 호주까지도 침범해 들어갔던 일본의 제국주의 야욕은 일말의 여지없이 무너져 내렸다.

최후의 식민지인 한국도 순순히 포기했던 것은 당연했다. 한반도는 해방의 순간을 맞이했다. 한반도와 상해, 유럽과 미주 곳곳의 한국인들이 꾹꾹 숨겨왔던 태극기를 꺼내 들었다. 모두가 한데 어우러져 목이 터지도록 '대한독립만세'를 외쳤다. 이승만의 평생이 깃든 꿈을 이룬 날이었다.

한국의 독립운동가들은 십 년 내지 사십 년에 육박하는 자기 인생을 독립에 매진했다. 당대의 누구도 미국과 일본이 전쟁으로 맞붙으리라는, 미국이 일본을 굴복시키고 한국을 해방시킬 것이라는 것을 짐작조차 못했다. 대부분의 한국인은 나면서부터 자기 반생을 일본의 신민으로 살았고, 그 속에서 자식을 키우고, 부모를 봉양하며 살았다. 모두가 해외 독립운동가일 수는 없었고, 누군가는 공장을 돌리고, 가게를 운영했으며, 농사를 지으면서 삶을 이어 나가야만 했다. 그러나 모두 독립을 소망하고 있었으며 1945년 8월 15일은 자신의 삶을 희생한 위대한 독립운동가들뿐 아니라, 한반도에 남아서 제 고향을 지키며 이름 없이 삶을 충실하게 살아낸 평범한 한 사람 한 사람 모두의 염원이 이루어진 해방의 순간이었다.

일본의 패망 소식을 라디오로 접한 이승만은 이미 70대에 접어들었다. 조정의 밀서를 품에 안고 비장한 마음으로 바다를 건넜던 젊은 시절을 시작으로 몇 번이나 태평양을 오갔던가. 이승만이 바라본 태평양은 어김없이 깊고 짙은 푸른색이었지만, 늘상 슬픔으로 아로새겨지기만 했었다. 이제 노년의 정치가는 그 푸른색을 희망의 빛깔로 바라볼 참이었다. 일본이 한반도를 떠났지만, 그 빈자리는 아직 위험천만한 진공상태였다. 이제 그 위에 나라를 세울 시간이었다. 이승만은 눈물을 닦고 긴 숨을 내쉬고는 귀국을 서둘렀다.

나의 프란체스카

때는 1933년 2월 21일 늦겨울이었다. 날이 본격적으로 흐려져 여행은 예상보다 며칠 앞당겨 마무리되었다. 그녀는 어머니와 함께 프랑스 동부와 스위스 접경지에 이르는 꽤 긴 여행을 마쳤다. 제네바에는 일몰 녘에 막 닿았다. 철도 경유지인 제네바에서 숙박하고 오스트리아 비엔나로 향할 예정이었다. 오스트리아로 돌아가기 전 마지막 저녁 식사를 든든히 해둘 생각으로 여행객들로 붐비던 '제네바 드 루시' 호텔 1층 식당을 찾았다. 식당 축음기에 클래식 연주곡이 울려오고 둥근 식사용 탁자에 촛불이 누렇게 빛을 태우며 펄럭거렸다. 33세의 젊은 여성 **프란체스카 도너**Francesca Donner는 주문한 음식을 기다리며 어머니와 지난 몇주 간의 여행에 관해 이야기를 나누던 참이었다.

웨이터가 저녁 식사를 기다리는 모녀에게 다가왔다. 테이블이 부족하다며 다른 손님과 합석하는 것에 대해 양해를 구해왔다. 딱히 빈자리가 없던 참이라 모녀는 기꺼이 부탁에 응했다. 잠시 후 먼발치에 서 있던 검은 머리의 한 중년 아시아인 사내가 테이블로 걸어 들어왔다. 포마드 기름으로 머리숱을 말끔히 가른 중년의 사내가

의자를 당겨 앉으며 프란체스카와 그녀의 어머니에게 싱긋 미소 지었다. 프란체스카 모녀도 수줍게 화답했다. 사내는 만 58세에 이른 이승만이었다.

그 당시 제네바는 강대국들의 군축회담으로 각국 사절들과 수행원, 기자들로 빼곡한 국제도시였다. 이 시절 제네바에서의 이승만은 암담했고 우울한 상황을 맞이하고 있었다. 그의 내면은 한없이 깎여가고 좌절로 인해 뭉개져 있었다. 더 나은 미래는 분명 찾아올 것인데, 그것이 언제일지, 방법은 또한 어떤 식일지 도무지 알 수 없었다. 제네바 회담에서 한국의 독립 문제가 정식 안건으로 다뤄지길 바랐으나, 안건 상정은 또다시 실패했다. 여전히 일본의 외교력은 한국을 압도하고 있었다.

이승만이 그렇게 절망하고 있을 때 호텔 1층 식당에서 33세의 프란체스카 도너를 만난 것이다. 희망과 좌절이 이승만의 마음을 어지러이 수놓던 시절, 오스트리아 여성 프란체스카 도너의 눈에는 이 아시아인의 왠지 모를 근심하는 듯한 표정이 신기하고 낯설었다. 세련된 영어 실력과 정중한 매너의 중년 신사에게 느껴지는 왠지 모를 쓸쓸함이 호기심을 불러일으켰다.

프란체스카는 이 중년의 신사와 대화를 나누면서 그가 자기 나라의 문제로 깊이 신음하고 괴로워하는 것을 알게 되었다. 프란체스카로서는 한 번도 들어본 적이 없는 나라의 이야기였다. 두 사람은 그날 밤 상당히 깊은 대화를 나누었다. 프란체스카는 무슨 까닭에서인지 이승만과 그의 나라에 대해 깊은 흥미를 보이고 있었다.

프란체스카 도너는 오스트리아의 오랜 중산층에 속한 전형적인 가톨릭 집안에서 태어나 자랐다. 모국어인 독일어 이외에도 영어와 불어에 능통했고, 속기와 타자, 부기簿記와 자금운영 쪽에서 상당한 실력과 경험을 갖췄던 프란체스카는 후일 이승만과 함께 세계를 오가며 최고의 수행원이자 비서가 되어 주었다. 부친의 업을 이어 여성 경영인을 꿈꾸던 프란체스카였지만, 이승만의 아내로 변신해 지구 반대편의 조그만 나라의 독립운동사에 이름을 수놓을 줄은 그 누구도 예상하지 못했다.

속 깊은 대화를 나누어 갈수록 스물다섯 살 차이의 두 사람은 서로에게 매료되어 갔다. 급진적인 독립운동가들 틈에서 외로웠던 이승만의 고뇌에 프란체스카는 깊이 호응했다. 이승만은 그녀에게서 위로를 받았다.

이승만과 프란체스카는 잠시 헤어져 있다가 몇 주 후 다시 만났다.

이승만은 서구의 자유주의 국가들이 일본의 눈치를 살피느라 한국 문제를 외면하던 가운데 참모의 조언에 따라 소련을 방문하기로 결심했다. 공산국가의 협조라도 얻어 보겠다며, 내키지는 않는 모스크바행 기차를 탔다. 이승만은 제네바와 모스크바의 중간 경유지인 오스트리아 수도 빈에서 잠시 내려 프란체스카를 찾았다. 이 두 번째 만남에서 둘은 결혼을 언약했다. 백인 여성과의 연애와 결혼은 당대 한국인들에게는 낯선 일이었다. 정치적 신념뿐 아니라 실생활에서도 자유주의자였음을 보여주는 사례라고 볼 수 있다.

프란체스카 역시 보통의 여인은 아니었다. 중부 유럽의 부국이었던 오스트리아에서 착실히 가업 승계를 준비하던 프란체스카가 모든 것을 내려놓고 아시아의 최빈국 식민지의 독립운동가와 고단한 삶을 함께 하기로 마음먹는 것은 지극히 드문 일이 아닐 수 없었다. 다만 오매불망 조국의 해방을 기다리며 미국 시민권을 원해 본 적이 없는 무국적의 망명객으로 살아온 이승만이었기에 오스트리아 국적의 연인을 미국으로 불러들일 방도가 없었다. 결국 프란체스카가 가족과의 결별을 결심하고, 정식으로 미국 정부에 이민을 신청했다. 그녀는 1년 뒤 홀로 미국 시민 자격으로 미국행 배편에 올라탔다. 아버지가 기대했던 가업의 승계도, 가족과의 인연도 다 팽개치고 이승만 한 사람만을 바라보고 대서양을 건넌 것이다. 이승만은 제주산 조그만 진주알 한 개를 선물로 주었고, 프란체스카는 그 반지를 평생 간직했다.

25세 연하 오스트리아 여성과의 결혼은 고민과 고난의 연속이었다. 당장 경제적, 정서적으로 똘똘 뭉쳐있는 하와이의 한인 기독교도들과 동지회 회원들이 반발할 것 같았다. 두 사람은 가족과 동포, 독립운동 동지들의 우려 속에 1934년 10월 8일 첫 만남 후 1년 만에 뉴욕의 몽클래어 호텔에서 결혼식을 올렸다. 부부이자 평생의 벗이요 동지였던 둘의 결합이었다. 이승만은 결혼 직후 아내 프란체스카와 그의 독립운동 고향인 하와이로 향했다. 그들의 지도자가 서양인 부인을 얻었다는 소식에 실망했을 하와이의 동지회 회원들과 한인기독교회 교인들을 설득해야 했다. 조국의 해방에 인생을 걸었다는 독립운동가가 외국인 여인과 결혼하는 것이 당장 좋아 보일 리 없었다.

다행히 하와이 교민들은 아내를 새로 얻어 돌아온 이승만에게 우호적이었다. 두 사람이 1935년 1월 25일 호놀룰루 항에 도착했을 때, 부두에는 수많은 교민이 나와서 열렬히 환영했다. 하와이 신문 「호놀룰루 애드버타이저」도 그들의 도착을 크게 보도했다. 특별히 외교적으로 얻은 것 없이 돌아온 그는 면목이 없었지만 역시 교민 1천 명은 그를 위해 성대한 환영 파티를 열어주었다. 좌절의 시기 하와이는 이승만에게 언제나 믿음직한 배후이며 우군이었다.

프란체스카는 쭈뼛거리는 한인 여성들의 틈으로 적극적으로 다가갔다. 그녀는 어떻게든 한국인이 되어 이승만에게 힘이 되어야 한다는 일념이 있었다. 영국 유학파에 독일어, 영어를 자유로이 구사하는 엘리트 백인 여성이 교민 여성들 틈에서 김치와 고추장을 직접 담그고, 한복을 말끔하게 차려입었다. 프란체스카는 이승만의 가장 적극적이고 든든한 지지자였다. 프란체스카가 손과 발에 동상이 걸리자 이승만은 마늘 껍질과 대를 삶은

물을 차게 해서 그녀의 손발을 담그는 민간요법을 알려주고, 그녀는 이런 치료법이 마음에 들지 않아도 남편이 시키는 대로 따랐다

배타적으로 똘똘 뭉친 한국인 교포사회의 분위기를 누그러뜨릴 만한 유쾌한 자세였다. 이승만을 사랑했기에 그녀는 기꺼이 한국인으로 살 수 있는 용기를 가졌다. 언젠가 그녀는 양아들인 이인수를 격려하며 "늘 조심하렴, 너는 용기 있는 사람이야(Be careful, You're courageous)."라고 말했다. 삶의 익숙한 지점들을 늘상 버리고 뛰쳐나올 수 있는, 이를테면 용기 있는 여인다운 격려였다.

평생 이승만의 독립운동을 곁에서 보필한 프란체스카는 1930년대 내내 그를 보좌하는 비서 역할을 했고, 1940년대에는 이승만이 전후를 대비해 워싱턴에서 조직한 로비단체 **한미협회**The Korean-American Council의 이사로 일하며 외교관 역을 했다. 프란체스카는 이승만의 모든 원고와 편지를 타이핑했다. 여느 때처럼 힘든 고비를 겪었던 1941년, 프란체스카는 *Japan inside out*의 원고를 세 차례나 타이핑하느라 손끝이 부르텄고 눈이

짓무르기도 했다. 이승만은 그녀를 워싱턴의 포토맥 강변으로 데리고 가 그녀를 위해 마지막 소절을 개사한 아리랑 노래를 부르면서 위로해 주었다고 한다.

> "아리랑 아리랑 아라리요, 아리랑 고개를 넘어간다. 청천 하늘엔 별들도 많고, 우리네 가슴속엔 시름도 많다. 아리랑 아리랑 아리리요, 아리랑 고개를 넘어간다. 오다가다 만난 님이지만 살아서나 죽어서나 못 잊겠네."

훗날 이승만이 세상을 떠나자 프란체스카는 1965년부터 가족이 있는 고향 땅 오스트리아 빈으로 거처를 옮겼다. 매년 이승만의 기일마다 한국을 방문하였던 그녀는 이승만과 더 가까이 있고자 1970년 한국에 완전히 정착했다. 1992년 작고하기까지 일주일에 한 번씩 남편의 산소에 나가는 것이 유일한 외출이었을 만큼 그녀의 서울 생활은 고요하고 차분했다. 그 시절 독일 「디 짜이퉁」의 기자가 찾아와 "남편에 관해 기억에 남는 한 순간만 말씀해 달라."라고 묻자 프란체스카는 "어려울 때마다 엎드려서 기도를 하는 모습입니다."라고 답했다.

프란체스카는 한밤중에 침대에 엎드려 "하나님, 이 미련한 늙은이에게 보다 큰 능력을 허락하시어 고통받는 내 민족을 올바로 이끌 수 있는 힘을 주소서."라고 간절히 기도하는 대통령의 모습을 볼 때마다 자신도 모르게 눈물이 흘러내렸다고 고백했다.

이승만과 함께 했던 순간도, 이승만을 떠나 보낸 후에도, 그녀는 늘 고요했고 진지했다. 그녀는 세상을 떠나서도 이승만의 곁을 지켰다. 그녀의 유언대로 성경책과 태극기가 함께 국립현충원에 안장되었다. 그 옛날 제네바의 드 루시 호텔 1층 식당에서 우연히 처음 만났던 그 순간처럼, 조국과 인생의 흐릿한 희망에 관해 논했던 그 때 그날처럼, 이승만과 프란체스카는 영원히 함께 있는 것이다.

민주주의적 정부 원리를 신봉하는 사람은
근본적으로 개인주의자다.
정부의 권력은 시민으로 부터 나온다.
그러므로 개인의 권리와 자유는
그 위에 한 국가의 구조가 세워지는 기반이 된다.
국민은 정부에 복종해야 한다고 주장하는
전체주의 이념과 달리, 민주주의는 국민들의
권리는 정부에 의한 그 어떤 침해의 가능성으로부터도
보호되어야 한다고 주장한다.

〈일본의 가면을 벗긴다 中〉

06

해방 후에도
계속되는
고난과 분열

한반도의 운명은 어디로

제2차 세계대전이 끝난 후 미국과 소련이라는 새로운 강대국이 전면에 나타났다. 소련은 전통적인 왕국이었던 러시아를 공산주의자들이 무너뜨리고 세운 나라로, 유럽의 절반과 아시아 곳곳을 수중에 넣었다. 미국은 이 소련과 모든 면에서 달랐다. 종교적 자유, 경제적 자유를 찾아온 이민자들이 세운 미국은 국민들이 자유로운 경쟁 속에 무역과 교역을 할 수 있는 자유시장경제 체제를 키웠다. 약 7,000만 명의 사상자를 내고, 서구 유럽 문명의 파괴를 낳은 두 차례의 세계대전을 거친 후 세계는 미국으로 대표되는 자유주의 진영과 공산주의 소련의 진영으로 빠르게 편입되고 있었다. 미국과 소련이라는 20세기 두 강대국이 낳은 새로운 질서 체계 속에서 한반도 역시 갈등과 충돌을 피할 수 없었다.

자유민주주의와 공산주의

1945년 8월 14일 밤 11시, 워싱턴의 교포들이 라디오로 일본의 항복 소식을 듣고는 이승만의 자택으로 몰려들었다. 그러나 이승만의 표정은 의외로 어두웠다. 시간을 거슬러 전쟁이 한창이던 석 달 전, 이승만은 UN창립총회를 앞두고 기자회견장에서 미국이 소련에게 한반도를 양보하는 비밀협약을 맺었다는 폭탄선언을 했던 바 있다. 미국 정부는 사실이 아니라고 즉각 성명을 발표했지만, 이승만의 눈에는 소련이 한반도에 눈독을 들이고 있었고 미국은 이를 대수롭지 않게 여기고 있음이 분명했다. 이승만은 이미 해방 이후에 한국을 위협할 적인 공산주의를 예견하고 있었다.

이승만의 우려는 현실화되었다. 그간 일본과 아시아 쪽의 일에 신경을 쓰지 않는 듯했던 소련이 예상을 깨고 한반도로 진군해오기 시작했다. 소련의 움직임을 본 미국도 다급하게 한국에 들어가기로 결정했다. 소련의 진군 이틀 후였다. 9월 8일 인천항으로 미군 부대가 들어왔다. 미국과 소련이 북위 38도선을 경계로 한국의 남과 북에 각각 진주한 것이었다. 해방을 행복하게 맞이하고 독립의 꿈에 부풀었던 국민들은 당황하기 시작했다.

많은 갈등이 있었지만, 대한독립이라는 하나의 목표

를 위해 서로 협력했던 독립운동가들과 국민들이 분열되기 시작했다. 한국이 해방을 맞은 후 나라를 어떻게 이끌어야 할지에 대해 한국의 독립운동가들과 지도자들은 서로 다른 생각을 갖고 있었다. 하나의 목표를 향해 나아갔던 시절 가려지고 억눌렸던 입장의 차이와 가치관의 갈등이 폭발하기 시작했다.

현재 우리는 공산주의의 폐해와 자유민주주의의 우수성을 잘 알고 있고, 결국 어느 체제가 성공했는지 역시 역사를 통해 알고 있지만, 그 당시의 사람들은 처음 접한 다양한 사상들의 내용과 결과를 모르는 채로 어느 한 쪽을 선택해야만 했다.

소련과 미국이 한반도에 진입했던 해방 후 2개월 동안 구심점 없는 대혼란이 왔다. 38선 이남을 관리하는 미군정은 공산주의자, 민족주의자, 자유주의자가 복잡하게 뒤얽혀 각기 다른 목소리를 내고 있는 한국의 임시정부를 인정하지 않았다. 미군정은 그 당시 어떤 세력이나 어떤 단체에도 대표성을 인정하지 않았으며, 섣불리 인정하는 것도 문제라고 여겼다. 미군정의 방침에 따라 이승만과 김구 등 임시정부 지도자들의 귀국도 자꾸만

미뤄졌다. 해방 후 약 2개월 동안 주로 국내에서 활동하던 이들이 득세했다. 사회주의의 좌익계열인 박헌영과 여운형 등이 서울을 중심으로 남한의 여론을 휘어잡으려 했다. 한국 사정에 대해 잘 몰랐던 미군은 좌익세력으로 인한 혼란을 수습하기 위하여 뒤늦게 우익계열인 김구와 이승만을 비롯해 김규식 등 임시정부 지도자들을 한국으로 귀국시켰다. 이승만은 10월 16일 맥아더 총사령관의 주선으로 귀국길에 올랐고, 김구와 김규식은 다음 달 23일 귀국했다. 그러나 모두 임시정부의 지도자 자격이 아닌 개인 자격으로 귀국할 수밖에 없었다. 많은 사람들이 이 현실을 안타깝고 속상해했다.

뭉치면 살고 흩어지면 죽는다

맥아더의 전용기를 타고 귀국한 이승만이 공항에 내렸을 때는 아무도 맞이하러 온 사람이 없었다. 미군정이 비밀에 부쳤고 개인 자격이었기에 수행원도 두지 않은 입국이었다. 심지어 아내 프란체스카도 동행하지 못했다. 그러나 곧바로 이승만이 귀국했다는 소문이 퍼지며 서울이 들썩거리기 시작했다.

　신문을 본 사람들이 이승만이 묵은 조선호텔 주변을 에워쌌다. 수많은 정당과 정파 사람들이 이승만에게 자기 무리의 지도자를 맡아달라고 요청했으나 이승만은 모두 거절하였다. 하루가 더 지나서야 이승만은 사람들이 운집한 옛 조선총독부 건물 앞에 섰다. 5만 명의 한국인들이 말로만 듣던 이 노신사의 얼굴을 보려 운집했다.

　한국의 내부 사정을 정확히 모르는 미국의 최대 관심은 복잡하고 예민하게 갈등하는 한국사회를 이끌 수 있는 한국인 지도자가 누구인가 하는 것이었다. 우후죽순으로 난립해있는 정당들과 단체들, 전통적인 지주계급들, 유학자들, 기독교인들, 공산주의자와 자유주의자에 이르기까지 한국은 그야말로 용광로였다. 이 혼돈의 시기 이승만이 귀국해 군중들 앞에 선 것이다.

　미군정의 총책임자 하지John R. Hodge 중장이 이승만의 약력을 소개했고, 백발에 양복을 입은 노신사가 일어나 마이크 앞에 섰다. 사람들은 먼 발치에서나마 태평양 건너 미국에 모르는 사람이 없다고 소문난 노신사의 목소리에 흥미롭게 귀 기울였다. 숙고하고 숙고했을 그의 첫 말이 마이크에서 퍼졌다. "뭉치면 살고 흩어지면 죽습니다."

해방 후 국내에 건국과 권력을 위한 무수한 단체들이 난립하고, 세계적으로 공산화의 물결이 유행처럼 번지고 있음을 누구보다도 잘 알고 있었던 이승만이었다. 평생을 독립운동에 바친 노년 독립운동가의 진심과 지혜가 담긴 이 말을 당시 한국인들은 얼마나 이해하고 있었을까.

신탁통치 반대

1945년 8월 15일 해방을 맞고 약 3개월 후 소련의 수도인 모스크바에서는 전쟁 후 세계를 어떻게 관리할지를 두고 승전국의 대표인 미국, 영국, 소련 3개국의 관리들이 모여 협의했다. 이 회담에서 강대국들은 한반도를 즉각 독립시키지 않고 신탁통치할 것을 합의했다. 정식 정부가 수립될 때까지 최대 5년간 국권 회복을 유보한다는 의미였다. 많은 한국인들이 충격을 받았다. 이승만은 모스크바 3상회의 결과를 예상하고 십여 일 전부터 방송 연설을 통해 신탁통치를 반대했다.

　신탁통치信託統治란 어떤 국가가 자기 힘으로 나라를 다스릴 수 없을 때, 국제기구가 한시적으로 질서를 부여하고 통치하는 것을 말한다. 식민통치가 힘센 나라가 약한 나라를 빼앗아 지배하는 부도덕한 행위라면, 신탁통치는 UN(국제연합) 같은 공인된 국제기구의 도움을 받는다는 차이가 있다. 주로 독립한지 얼마 되지 않은 나라들 중 행정기구가 완비되지 않고 경찰이나 군대의 보호가 미약한 경우 혹은 전쟁과 같은 대혼란을 겪었던 경우에 임시로 신탁통치를 받기도 한다.

　일본의 조선총독부가 물러나고 1945년 한반도는 해방을 맞았다. 그러나 그것이 곧바로 독립을 의미하는 것은 아니었다. 많은 한국인들은 일본으로부터 해방된 이후 즉각적으로 독립과 주권을 누릴 수 있을 것이라 기대했지만 현실은 결코 만만한 것이 아니었다. 엄밀하게 한국은 스스로의 힘으로 해방을 맞이한 것이 아니었고 제2차 세계대전의 전승국도 아니었다. 이것은 냉정한 현실이었다. 공산진영 소련과 자유진영 미국이 한반도를 정확히 반으로 나눠 군대를 주둔한 채로 맞서고 있었다.

한반도에서의 팽팽한 긴장감은 이후 수십 년간 이어질 냉전 시대의 상징과도 같았다.

이승만은 자유주의자와 공산주의자로 양분되어 있던 독립운동가들의 노선 투쟁이 곧 수면 위로 드러날 것을 예상하고 있었다. 공산주의자들의 행동방식을 익히 알고 있었던 그의 예측은 정확했다. 공산주의자들은 기만술欺瞞術이 있을 뿐 진정한 양보와 타협이란 없으며, 따라서 한국이 분열될 수도 있다는 판단을 한 것이다. 전파를 통해 이승만은 "우리가 이 문제를 스스로의 노력으로 해결하지 않으면 결국 나라는 둘로 쪼개져 내전을 피할 수 없게 될 것입니다."라고 역설했다. 5년 후 있을 한민족의 참혹한 전쟁을 그는 일찍이 예감하고 있는 것 같았다.

이 시기 이승만과 김구 등 우익 인사들은 신탁통치 반대를 위해 그야말로 사생결단의 심정으로 활동했다. 전국을 다니며 대중들을 설득했다. 미군정 사령관이었던 하지 중장은 이승만과 격렬하게 충돌했다. 둘은 만날 때마다 극렬한 논쟁을 벌였다. 하지 중장은 기본적으로 한국의 사정에 대해 밝지 못했다. 그는 모스크바 3개국 외무장관회담에서 결정한대로 소련 측과 협의하여 한국 임시정부를 세우고 신탁통치를 시작하도록 하는 것이 자기의 임무라 생각했다. 그는 좌익과 우익을 가리지 않고 정치인들을 적당히 끌어 모아 합동 정부를 만들고 자기 임기를 마칠 심산이었다. 그러나 이승만은 하지 중장의 계획을 결코 용인할 수 없었다.

하지 중장은 당시 이승만이 얼마나 불편하고 싫었던지 '미국 정책에 사사건건 반대하는 이승만'이라며 그를 제거할 음모까지 꾸몄다. 하지 중장을 비롯한 미군정 장교들과 갈등을 빚던 이승만은 참다못해 결국 미국 워싱턴으로 직접 날아갔다. 미군정 장교들의 방해를 무릅쓰고 군인들이 아닌 미 의회의 정치인과 행정부 관료들을 만나 직접 담판을 지으려 했다. 이승만은 워싱턴에서 해리 트루먼(Harry S. Truman, 1945-1953, 33대) 대통

령과 자리를 만들었고, 담판에 성공했다. 이승만의 요구는 단호했다. 소련이 결코 한반도를 포기하려 하지 않을 것이므로, 한국을 반분하는 신탁통치는 결국 분단으로 갈 수 밖에 없다는 것이었다. 이승만은 자유민주주의에 기반한 하나의 자주독립국가 수립을 미국에 강력히 요구했다. 이승만의 말이 맞았지만, 미국으로서는 한반도 분단을 막고자 당장 소련과 대립하고 전쟁까지 각오할 수는 없었다.

분단의 어둠이 다가오다

처음에 우리 한국인들은 우익과 좌익에 상관없이 한 목소리로 신탁통치에 반대했다. 그러나 1946년 1월 2일 소련이 자신들의 통제 하에 있는 공산당 계열 지도자들에게 '신탁통치 찬성'의 지령을 내렸고, 이때부터 한국은 좌익이 주도하는 찬탁운동(신탁통치를 찬성)과 이에 반대하는 반탁운동으로 나뉘어 격렬하게 대립했다. 해방공간의 혼란은 극도로 치달았다. 좌익세력의 찬탁운동은 커다란 실책이 아닐 수 없었다. 상식적인 안목을 가진 한국인들이라면 신탁통치를 찬성하는 좌익을 고운 시선으로 봐 줄 수가 없었고, 이는 우익 세력이 똘똘 뭉치는 계기가 되었다. 공산주의자들이 신탁통치 찬성으로 돌아서자 충격을 받은 이승만과 김구는 그해 2월 8일 **비상국민회의**를 결성하며 힘을 합쳐 반탁운동을 전개했다.

비상국민회의는 28명의 최고 정무위원을 선임하는 등 신속하게 권위와 대표성을 확보한 조직으로 꾸려져 갔다. 그것은 오늘날로 치면 국회의 형태에 가까웠다. 미군정은 한국의 수많은 정치 지도자들의 다양한 행보를 무시해 왔지만, 비상국민회의는 그럴 수 없었다. 1946년 2월 14일 비상국민회의는 의장에 이승만, 부의장에 김구와 김규식을 선출했다. 이 조직에는 좌익계열인 여운형까지 참여했으나 급진 좌익세력의 압력으로 여운형이 사퇴하게 되었고, 자연스럽게 비상국민회의의 주도권은 우익으로 넘어오게 되었다. 이 시기 북한에서는 일찌감치 소련을 등에 업은 공산주의자 김일성이 반대파를 몰아내고 있었다.

1946년 1월부터 2월까지 미국과 소련의 대표단은 신탁통치에 관해 총 15차례나 협상을 했으나 서로 간 입장 차이를 좁힐 수 없었다. 회담은 결렬을 거듭했다.

소련은 신탁통치를 찬성하는 세력만 정부 수립을 위한 합의기구에 포함하자고 주장했다. 신탁통치에 반대하는 우익을 배제하려는 뻔한 속셈이었고 미국이 결코 받아들일 수 없는 제안이었다. 사실 소련은 시간을 벌고 있었다. 소련이 미국과 길고 지루한 협상을 하면서 시간을 끄는 사이, 김일성 등 소련의 사주를 받은 공산주의자들은 북한 일대에 있던 선량한 자유주의자들을 속속 제거해 나갔다.

김일성이 수립한 '북조선임시인민위원회'는 사실상 정부 기구와 같았다. 공산주의자들은 한반도 북쪽을 공산당이 지배하고, 남쪽은 좌익세력의 선동을 통해 최대한 혼란스럽게 만들었다. 미군이 물러나도록 한다면 언젠가는 남한도 간단히 집어삼킬 수 있을 것이라는 계산이었다. 이 즈음 나라는 이미 사실상 분단 상태와 다름없었다. 북쪽에서 무슨 일이 벌어지고 있는지 정확히 알지 못했던 서울의 정치인들과 지식인들은 당면한 현실을 차츰 깨달으면서 충격과 우려에 휩싸이기 시작했다.

■ 이승만의 반공(反共)주의

스테판 쿠르트 등 프랑스의 좌파 지식인 6명이 공동 집필한 저서 『공산주의 흑서黑書: 범죄, 테러, 압제』에 따르면 공산주의 정권 아래서 발생한 희생이 얼마나 참혹했는지 숫자로 알 수 있게 해준다. 중국 6,500만 명, 소련 2,000만 명, 북한 200만 명, 캄보디아 200만 명, 아프리카 전역 170만 명, 아프가니스탄 150만 명, 베트남 100만 명, 동유럽 공산권 전체 100만 명, 라틴아메리카 15만 명 순이다. 다 합치면 약 1억 명으로, 지구상에서 전염병이나 자연재해, 범죄 혹은 다른 정치이념으로 희생된 전체 사망자 수를 능가하는 숫자이다.

공산주의가 시작된 1917년 볼셰비키 혁명에서부터 소련이 붕괴한 1990년대까지 약 80년 동안 1억 명이 희생당했다는 의미이며, 하루에 무려 3,400명씩 죽었다는 것이다.[5] 그러나 1917년 레닌의 공산혁명 이후 정치인과 지식인들이 공산주의의 실체를 모르고 유행처럼 찬양하던 시절이 있었다. 이승만은 시류에 휩쓸리지 않고

---

5 2007년 6월 19일 「미래한국」 기사 '80년간 1억 명 죽인 공산주의 만행 잊지말자!' 중 발췌.

예리한 시각으로 공산주의의 맹점을 짚어냈다.

「태평양잡지」 1923년 3월호 제31호에 실린 '공산당 당부당當不當'이라는 제목의 글은 공산주의의 체제적 모순과 부당함을 간결하게 지적하는 명문이다. 이승만은 우선 공산주의가 인민을 궁극적 평등의 존재로 보는 전제에는 동의하면서도, 과연 이 공평의 방법론을 어떻게 구현할 것인가는 엄연히 별개의 문제라고 꼬집었다. 공산주의자들이 늘 부조리한 수단으로 자신들만의 도덕적 이상을 구현하려 한다는 그의 의혹 제기는 오늘날에도 인용될 만한 선구자적인 비판적 통찰이었다.

공산주의가 유행처럼 번지고 역사적인 검증을 받지 않았던 그 시대에 근대 지식인 이승만은 공산주의의 부당성을 5가지로 설명한다.

① 재산을 나누어 가지자 하는 것

모든 사람의 재산을, 토지 건축 등 모든 부동산까지 다 합하여, 똑같이 나누게 되면 부지런한 사람들이 게으른 사람을 먹이게 되고, 점차 게으른 사람의 수가 늘어날 것이다.

② 자본가資本家를 없애자고 하는 것

모든 부자의 돈을 빼앗아 균등하게 나누게 되면, 경쟁이 사라지고 상업과 공업이 발달하기 힘들다.

③ 지식계급을 없애자고 하는 것

모든 인민의 상식을 높여 학식 있는 사람과 비슷하게 하자는 것은 가능하지만, 지식계급을 없애자는 건 불가능하다.

④ 종교단체를 혁파하자고 하는 것

교회의 제도는 여러 폐단을 없앴고, 평등 자유의 사상이 녹아들어 있다.

⑤ 정부, 군사, 국가 사상을 없애야 한다는 것

지금 공산당을 주장하는 러시아도 역시 정부와 인도자와 군사가 없이는 부지할 수 없음을 익히 알고 있을 것이다.

또한 이승만은 1945년 12월 17일 '공산당共産黨에 대한 나의 입장'이라는 제목으로 서울중앙방송국을 통하여 다음과 같은 방송을 하였다. 이 연설은 아마도 제2차세계대전 이후 공산당에 대한 세계 최초의 정면 대결 선언일 것이다.

1945년 12월 17일 오후 7시 30분

한국은 지금 우리 형편으로 공산당을 원치 않는 것을 우리는 세계 각국에 대하여 선언합니다. 기왕에도 재삼 말한 바와 같이 우리가 공산주의를 배척하는 것이 아니요, 공산당 극열 파들의 파괴주의를 원치 않는 것입니다.

우리가 사천 년의 역사를 가졌으나 우리의 잘못으로 거의 죽게 되었다가 지금 간신히 살아나서 발을 땅에 다시 디디고 일어서려는 중이니 까딱 잘못하면 밖에서 들어오는 병과 안에서 생기는 병세로 생명이 다시 위태할 터이니 먹는 음식과 행하는 동작을 다 극히 초심해서 어린 애기처럼 간호해야 할 것이고 건강한 사람과 같은 대우를 하여서는 안 됩니다. 공산당 극열분자들의 행동을 보시오. 동서 각국에서 수용되는 것만 볼지라도 파란국(폴란드)극열 분자는 파란국 독립을 위하여 나라를 건설 하자는 사람이 아니요, 파란국 독립을 파괴하는 자들입니다. 이번 전쟁 제2차 세계대전에 덕국(독일)이 그 나라를 점령한 후에 애국자들이 임시정부를 세워서 영국의 수도인 윤돈(런던)에 의탁하고 있어 백방으로 지하공작을 하며 영·미의 승인까지 받고 있다가 급기야 노국(러시아)이 덕국군을 몰아내고 그 땅을 점령한 후에 파란국 공산분자가 외국의 세력을 차탁(藉托:빌려서 기대다)하고 공산정부를 세워서 각국의 승인을 얻고, 또 타국의 군기를 빌려다가 국민을 위협해서 민주주의자가 머리를 들지 못하게 만들어 놓아 지금도 정돈이 못되고 충돌이 쉬지 않는 중이며 이외에도 구라파의 해방된 모든 나라들을 보면 각각 그 나라 공산분자들이 들어가서 제 나라를 파괴시키고 타국의 권리 범위 내에 두어서 독립권을 영영 말살시키기로 위주하는 고로 전국 백성이 처음으로 그자들의 선동에 끌려서 뭔지 모르고 따라가다가 차차 각오가 생겨서 죽기로서 저항하는 고로 구라파의 각 해방국은 하나도 공산분자의 파괴운동으로 인연하여 분열분쟁이 아니 된 나라가 없는 터입니다.

동양의 중국으로 보아도 장개석 총통의 애국심과 용감한 군략으로 전국민중을 합동해서 왜적에 항전하여 실낱같이 위태한 중국운명을 보호하여 놓았더니 연맹 각국은 다 그 공적을 찬양하며 극력 후원하는 바이거늘 중국의 공산분자는 백방으로 파괴운동을 쉬지 아니하고 공산정부를 따로 세워 중국을 두 조각으로 나누어 놓고 무장한 군병을 양성하여 중앙정부와 장총통을 악선전하여 그 세력을 뺏기로 극력하다가 필경은 내란을 일으켜 관병과 접전하여 동족상쟁으로 피를 흘리게 쉬지 아니하는 고로 타국들은 이것을 이용하여 이권을 도모하기에 기탄치 않기에 이르나니 만일 중국의 공산분자가 만분지일이라도 중국을 위하여 독립을 보존하려는 생각이 있으면 어찌 차마 이 같은 파괴적 행동을 취하리오. 우리 대한으로 말하면 원래에 공산주의를 아는 동포가 내지에는 불과 몇 명이 못 되었다니 공산문제는 도무지 없는 것입니다. 그 중에 공산당으로 지목받는 동포들은 실로 독립을 위하는 애국자들이요, 공산주의를 위하여 나라를 파괴하자는 사람들은 아닙니다.

따라서 서백리아(시베리아)에 있는 우리 동포들도 대다수가 우리와 같은 목적으로 생명까지 희생하려는 애국자들인 줄 우리는 의심 없이 믿는 바입니다.

불행히 양의 무리에 이리가 섞여서 공산명목을 빙자하고 국경을 없이 하여 나라와 동족을 팔아다가 사익과 영광을 위하여 부언위설(뜬소문과 거짓말)로 인민을 속이며 도당을 지어 동족을 위협하여 군기를 사용하여 재산을 약탈하며 소위 공화국이라는 명사를 조작하여 국민전체에 분열 상태를 세인에게 선전하기에 이르다가 지금은 민중이 차차 깨어나서 공산에 대한 반동이 일어나매 간계를 써서 각처에 선전하기를 저이들이 공산주의자가 아니요. 민주주의자라 하여 민심을 현혹시키니 이 극렬분자들의 목적은 우리 독립국을 없이해서 남의노예로 만들고 저의 사욕을 채우려는 것을 누구나 볼 수 있을 것입니다. 이 분자들이 노국을 저희 조국이라 부른다니 과연, 이것이 사실이라면 우리의 요구하는 바는 이 사람들이 한국에서 떠나서 저의 조국에 들어가서 저의 나라를 충성스럽게 섬기라고 하고 싶습니다.

우리는 우리나라를 찾아서 완전히 우리의 것을 빼앗아다가 저의 조국에 붙이려는 것은 우리가 결코 허락지 않을 것이니 우리 삼천만 남녀가 다 목숨을 내 놓고 싸울 결심입니다. 우리의 친애하는 남녀들은 어디서든지 각기 소재지에서 합동해서 무슨 명사로든지 애국주의를 조직하고 분열을 일삼는 자들과 싸워야 됩니다.

우리가 우리나라와 우리 민족과 우리 가족을 팔아먹으려는 자들을 방임하여 두고 우리나라와 우리 국족과 우리 가족을 보전할 수 없을 것입니다. 이 분자들과 싸우는 방법은 먼저는 그 사람들을 회유해서 사실을 알려 주시오. 내용을 모르고 풍성학루(風聲鶴淚:바람소리를 학의 울음소리)인줄 알고 놀라다로 따라 다니는 무리를 권유하여 돌아서게만 되면 우리는 과거를 탕척(蕩滌:죄를 깨끗하게 사면하다)하고 함께 나아갈 것이오, 종시 고치지 않고 파괴를 주장하는 자는 비록 부형이나 친자식이라도 거절시켜서 즉 원수로 대우해야 할 것입니다. 대의를 위해서는 애증과 친소(親疎:친함과 친하지 아니함)를 돌아볼 수 있는 것입니다. 옛날에 미국인들이 독립을 위해 싸울 적에 그 부형은 미국에 충성하여 독립을 반대하는 고로 자식들은 독립을 위하여 부자형제간에 싸워가지고 오늘날 누리는 자유 복락의 기초를 세운 것입니다. 언제든지 어디서든지 건설자와 파괴자와는 합동이 못되는 법입니다. 건설자가 변경되든지 파괴자가 회심하든지 해서 같은 목적을 갖기 전에는 완전한 합동은 못됩니다. 우리가 이 사람들을 회유시켜서 이 위급한 시기에 합동공작을 형성시키자는 주의로 많은 시일을 허비하고 많은 노력을 써서 시험하여 보았으나 종시 각성이 못되는 모양이니 지금은 중앙협의회의 조직을 더 지체할 수 없이 협동하는 단체와 합하여 착착 진행 중이니 지금이라도 그 중 극렬분자도 각성만 생긴다면 구태여 거절하지 않을 것입니다. 다만 파괴운동을 정지하는 자로만 협동이 될 것입니다. 우리가 지금에 이 문제를 우리 손으로 해결치 못하면 종시는 우리나라도 다른 해방국들과 같이 나라가 두 절분으로 나누어져서 동족상쟁의 화를 면치 못하고 따라서 결국은 다시 남의 노예노릇을 면치 어려울 것입니다. 그러니 우리는 경향 각처에서 모든 애국 애족하는 동포의 합심합력으로 단순한 민주정체 하에서 국가를 건설하여 만년 무궁한 자유 복락의 기초를 세우기로 결심합시다.

공산주의자들의 주장에 대한 이승만의 시각은 무려 90년의 세월이 흐른 오늘날에 보면 정확했음을 알 수 있다. 자유시장경제의 가장 핵심적 원칙은 소유권의 확립에 있다. 그러나 이 소유는 가장 흔히 비난과 질시를 받는 개념이기도 하다. 그러나 이승만은 인간이 자신의 것을 소유하고 관리할 수 있을 때 가장 경건하고 정직하며 책임감 있는 개인으로 설 수 있다고 보았다. 이미 그는 게으름과 비효율의 문제를 해결하지 못하고 붕괴될 소련의 앞날을 반세기 훨씬 더 앞서서 예견하고 있었던 셈이다.

공산주의자들이 내세우는 구호는 처음 듣기에는 좋아 보일 수 있지만, 인간의 본성과 실제 현실에 반反하는 공허한 내용일 뿐이다. 무엇보다 자유와 창의를 제약하

여 국가와 국민의 발전을 저해한다는 이승만의 지적은
정확했다. 자유의 가치를 누구보다 깊이 이해한 이승만
의 통찰력은 실로 예리했다.

민주제도가 어렵기도 하고
또한 더러는 더디기도 한 것이지마는
의로운 것이 종말에는 악을 이기는 이치를
우리는 믿어야 할 것입니다.

〈이승만, 1948년 8월15일
대한민국 정부 수립 선포 및 기념사 中〉

전쟁은 악(惡)입니다.
우리는 평화를 사랑하는 사람들입니다.
그러나 전쟁의 공포보다 더 끔찍하고
무서운 것이 있습니다.
그것은 자유가 없는 것입니다.
자유가 없는 나라는 더 이상 국가가 아니며,
죽음보다 더 나쁜 것입니다.

〈1954년 8월 6일 LA 시의회 연설 中〉

07
이승만,
드디어 대한민국의
건국 앞에 서다

한반도 공산화를 막기 위한 노력의 시작

1946년 2월, 38선 이북 지역에는 '북조선임시인민위원회'라는, 김일성을 수장으로 하는 공산주의 조직이 세워졌다. 이들은 미국과 소련의 협상과는 상관없이 한반도 공산화 계획을 추진했다. 스탈린이 집권한 소련은 김일성을 내세워 북한 지역을 공산주의 위성 국가로 만들어나가면서, 동시에 미·소공동위원회에 참가해 통일정부를 만들자고 하는 이중적 행동을 취하고 있었다. 공산주의자들의 기만적 행위에 당시 자유주의자들과 미국 측은 속고 있었다. 애가 타는 것은 공산주의자들의 계획을 알아챈 이승만과 그와 뜻을 같이하는 남한의 정치인들이었다.

북한에는 사실상 정부가 수립되었는데, 남한은 아직까지 미국과 소련의 끝도 없는 협상 소식만 기다리고 있었다. 이런 상황이라면 남한 단독으로라도 자유민주주의 정부를 구성할 때라는 이야기를 차마 그 누구도 말하지 못하고 있었다. 어쩌면 불가능해진 통일정부 수립에 대한 희망 없는 소문들만 무성했다. 남한의 정치인들이 언론과 대중들에게 나라를 분단시킨 원흉으로 몰릴까 두려워하는 사이, 공산당 정권을 수립한 북한의 공산주의자들은 토지 몰수 작업을 본격화하고 중산층과 부유층들을 대대적으로 숙청해갔다.

1946년 6월 3일 이승만은 전라북도 정읍의 유세 중 공산당에 맞서기 위해서는 더 늦기 전에 남한만이라도 일단 과도 정부를 수립할 필요가 있다고 용기 내어 말했다. 모두가 통일정부라는 명분과 희망을 붙잡고 있던 시절이었기에 좌익과 우익 정치인들 모두 이승만을 비판했다. 언론기관으로는 한성일보만이 드물게 이승만을 지지했고, 정치권에서는 한민당이 그에게 호응했다. 이승만은 중국의 비극적인 내전 사례를 잘 알고 있었기에, 끝없는 비판에도 단호했다.

우리가 역사를 통해 지금은 알고 있는 공산주의의 잔인함을 미국조차 아직 모르고 있던 시기에, 이승만은 공산주의가 무엇인지 정확히 알고 있었다. 38선 이남을 사실상 통치하고 있던 미군정의 하지 중장은 이승만의 언론 활동이나 라디오 방송 등을 검열하기 시작했다. 이승만의 예상대로 미·소공동위원회가 교착상태가 되자

1946년 6월부터 여론은 급속히 바뀌기 시작했다. 이승만은 이 당시 한반도 상황에서 유일하게 현실적인 이야기를 했던 것이다.

불안정한 한국의 상황

미·소공동위원회가 진행 중이었으므로 군정사령관 하지 중장과 미군정은 중도적 입장을 표방한 여운형, 김규식 등을 지지하고 있었다. 김구와 이승만 등 우익 세력은 사실상 미군정에 의해 정계에서 퇴출당해버렸다. 또다시 찾아온 위기 속에서 남한 내 공산주의자들이 위조지폐를 발행하다 적발되었고 조선노동당 본부가 긴급 압수수색을 당한다. 조선공산당은 폭력 투쟁 노선으로 전술을 바꾸고 노동자들에게 총파업을 지시하였으며, 공산당의 지령을 받는 이들이 일사분란하게 파업에 합류하자 전국의 교통, 통신, 산업이 일제히 마비되었다. 같은 시기, 경북지역에서는 대규모 농민폭동이 일어나 전국 131개 군 가운데 56곳에서 불길이 일었다.

남한 지역은 너무나 불안정했다. 정부는 수립되지 못

하고 있었고, 산업시설은 20%만 겨우 돌아갔다. 게다가 북한에서 탄압당한 피난민까지 속속 서울 일대로 몰려들어 빈민 주거지를 이루고 있었다. 이러한 상황에서도 미군정사령관 하지 중장은 정확한 판단을 내리지 못하였다. 그는 소련이 결코 남북통일정부 수립을 동의해줄 리 없음을 인정하지 않았고, 평소 눈 여겨뒀던 여운형을 내세워 좌우합작위원회를 운영했다. 하지 중장은 자신의 착오를 끝까지 인정하지 못하며 상황을 더욱 악화시켰다. 1947년 6월을 지나며 미군정이 총괄하던 실무를 한국인들이 하나씩 넘겨받기 시작했다.

이승만과 김구, 다른 길로

김구와 이승만은 신탁통치를 반대하는 동지였으나, 정부수립에 대한 의견은 달랐다. 김구는 임시정부 조직과 체제를 그대로 옮겨 정부를 구성하길 원했지만, 이승만은 자유총선거를 통해 정부를 수립하자는 입장이었다. 이 무렵부터 김구와 이승만의 사이가 벌어지기 시작했다. 이승만과 김구는 긴 협상을 벌였다. 쿠데타를 일으켜 미군정을 몰아내겠다는 김구를 이승만은 UN 총회에 방문해 정부 수립 문제를 호소하겠다며 설득했다. 하지 중장이 이승만의 미국행을 막았지만, 도쿄에서 일본을 통치하던 맥아더의 도움으로 출국할 수 있었다.

워싱턴의 미국 행정부는 한국의 현실을 전혀 알지 못하고 있었다. 하지 중장이 보낸 보고서에 기초해 한반도의 상황을 판단했기 때문이다. 이승만은 워싱턴에 도착하자마자 하지 중장의 어리석음을 성토하고 나섰다. 북한 지역에서 이미 50만 명에 가까운 공산당 대군이 양성되고 있는데, 하지의 미군정은 대책조차 없다며 격렬히 비판했다. 미국 내 여론은 강력한 반공주의자 이승만에게 호의적이었다. 당황한 하지 중장도 이승만을 견제하고 책임을 면하려 서둘러 워싱턴으로 날아왔다. 이승만의 폭로에 놀란 미국 의회는 뒤늦게 하지를 불러 세워 한국의 일을 따져 물었다. 마침내 1947년 3월 트루먼 대통령은 역사적인 포고문을 발표했다. 공산주의의 위협을 받는 각국을 돕겠다는 '트루먼 독트린'이었다. 미국 정부의 그간 방침이 완전히 바뀐 것이다. 감격한 이승만은 트루먼에게 감사 편지를 보냈다.

그러나 한국에 남아있던 김구는 이승만이 떠나자마자 세력을 규합해 미군정과 충돌할 준비에 돌입했다. 미국에서 이 소식을 들은 이승만이 다급히 김구를 만류했으나 그는 여러 반탁운동 조직을 엮어 임시정부가 수립되었다고 선언했다. 김구는 이승만을 임시정부 주석이라며 일방적으로 추대했고, 당황한 이승만은 미국 일정을 접고 귀국길에 올랐다. 여전히 소련의 이중적 행동에 속아 미·소공동위원회에 대한 미련을 버리지 못한 미군정은 소련과 2차로 공동위원회를 열지만, 소득은 없었다. 그럼에도 미군정은 이승만을 아예 집에 가두는 연금 조치를 내렸다. 그렇다고 미군정의 총애를 받던 여운형,

김규식이 국민들의 마음을 얻는 것도 아니었다. 이 와중에도 좌익 공산주의자들은 총파업과 군중 투쟁을 이어 갔다.

길고 긴 논의 끝에 워싱턴의 미국 정부는 결국 이승만의 손을 들어주었다. 미 국무장관 마샬은 **모스크바 3상회의** 결정 사항의 이행이 어려움에 봉착했음을 인정하고 한국 문제를 UN 총회에 상정하여 한국의 자유총선거를 논의하기로 하였다. 이승만은 UN 총회에서 연설할 한국 대표로 선출되었다. 11월 14일, 마침내 UN 총회는 UN의 감시 하에 **남북한 총선거**를 결의했다. 찬성 43표, 반대 0표였다. 8개국의 UN 파견 위원들이 선거를 준비하려 서울에 파견되었다.

예상대로 소련은 모스크바 3상회의 결정 이행을 요구하면서 UN의 자유총선거 결정이 불법이라 비난하였고, UN 대표단이 북한에 방문하지 못하도록 했다. 소련과 김일성의 입장에서는 이미 38선 북쪽에 공산당 정부가 들어선 마당에 선거를 할 이유가 없었다. 이런 상황에서 UN이 선택할 수 있는 유일한 방법은 38선 이남 지역만이라도 총선거를 실시하는 것이었다.

자유총선거, 그리고 3천만 동포에게 읍소함

　결국 UN은 소총회에서 남한만의 자유총선거를 결의했다. 찬성 31표, 반대 2표, 기권 11표였다. 해방 후 무려 2년이나 귀중한 시간을 혼란과 함께 낭비하고서 돌고 돌아 내린 결정이었다. 이미 한참 전에 김일성의 정권을 수립해놓은 북한보다 뒤늦은 정부 구성이었다. 이승만의 자유총선거 주장을 비판해왔던 김구는 결국 이승만과 완전히 갈라서 버렸다. 안타까운 이별이었다. UN의 결정이 나오자마자 공산주의 세력은 예상대로 폭동

을 일으켰다. 어떻게든 선거를 막으려 경찰서를 습격하고 전신, 전화선을 끊어놓았다. 경찰이 이에 대응하기 시작하자 그들은 소위 '빨치산'이라고 불리는 무장 게릴라 활동을 시작했다. 이 혼란 속에 1948년 2월 10일 고뇌하던 김구는 '3천만 동포에게 읍소함'이라는 성명을 발표했다. 통일 조국을 건설하려다 38선을 베고 쓰러질지언정 단독정부를 세우는 데 협력하지 않겠다는 외침이었다.

사람들은 숙연해졌다. 김구는 비장한 마음으로 북한으로 건너갔다. 자신이라도 김일성을 설득하겠다는 것이었다. 그러나 김일성은 김구를 한껏 이용만 했다. 평양의 회담장에서 김일성은 38선으로 인해 물길이 끊긴 농토에 물을 다시 공급해주겠다는 의례적인 약속만 했다. 북한군의 성대한 군사 퍼레이드를 관람하고 돌아온 김구는, 북한에 의한 남침은 결코 없을 것이라고 말하기도 했다.

5월 10일 마침내 남한에서 총선거가 실시되었다. 곳곳에서 좌익세력이 주도한 테러가 발발한 와중이었다. 선거일 하루 동안 무려 100여 명이 희생되었다. 무참한 테러 속에서도 전체 유권자의 86%가 선거인 명부에 등록했고 그중 92%가 투표에 참여했다. 외국인들은 우려했지만 선거를 대하는 한국인의 민심은 압도적인 것이었다. 한국인에 의한 한국인의 정부 수립에 대한 열망은 높았다.

드디어 대한민국

1948년 5월 31일 이승만을 포함한 198명의 국회의원이 제헌의회를 구성했다. 이 날 국회의장으로 선출된 이승만의 발언은 한국 정부의 공식적인 첫 문서, 맨 첫 줄의 문장으로 남아있다. 이승만이 북한에서 내려와 국회의원에 당선된 이윤영李允榮 목사에게 조국을 위한 기도를 요청하는 말이었다. 국회는 30명으로 구성된 헌법위원을 통해 제헌 헌법을 작성했다. 투표를 통해 국호가 **대한민국**으로 결정되었다.

새로 세워진 나라는 대한민국 임시정부의 법통을 계승한다는 점을 명확히 했다. 그리고 이승만은 국회의원들의 투표로 초대 대통령으로 선출되었다. 대통령 투표

결과는 이승만 180표, 김구 13표, 안재홍 2표, 서재필 1
표였다. 부통령 선거에서는 이시영이 133표, 김구가 62
표로 이시영이 당선되었다. 맑은 여름비가 중앙청 광장
을 적시는 7월 24일 아침이었다. 73세의 노인, 이승만은
취임식장에 섰다.

"여러 번 죽었던 이 몸이 하느님 은혜와 동포들의 애호로 지금까

지 살아 있다가 오늘에 이와 같이 영광스러운 추대를 받는 나로서

는 일변 감격한 마음과 일변 감당키 어려운 책임을 지고 두려운

생각을 금하기 어렵습니다....

이번 우리 총선거의 대성공을 모든 우방들이 칭찬하기에 이른 것은 우리 애국 남녀가 단순한 애국성심으로 각각 직책을 다한 연고입니다....우리가 정부를 조직하는 데 제일 중대히 주의할 바는 두 가지입니다. 첫째는 일할 수 있는 기관을 만들 것입니다. 둘째는 이 기관이 견고히 서서 흔들리지 아니해야 될 것입니다. 그러므로 사람의 사회상 명망이나 정당 단체의 세력이나 개인 사정상 관계로 나를 다 인식하고 오직 기능 있는 일꾼들이 함께 모여 앉아서 국회에서 정하는 법률을 민의대로 준행해 나갈 그 사람들끼리 모여서 한 기관이 되어야 할 것이니, 우리는 그분들을 물색하는 중입니다....

이북 동포 중 공산주의자들에게 권고하노니, 우리 조국을 남의 나라에 부속하자는 불충한 이상을 가지고 공산당을 빙자하여 국권을 파괴하려는 자들은 우리 전 민족이 원수로 대우하지 않을 수 없나니, 남의 선동을 받아 제 나라를 결딴내고 남의 도움을 받으려는 반역의 행동을 버리고 남북이 정신통일로 우리 강토를 회복해서 조상의 유업을 완전히 보호하여 가지고 우리끼리 합하여 공산이나 무엇이나 민의를 따라 행하는 것이 좋을 것입니다. 기왕에도 누누이 말한 바와 같이, 우리는 공산당을 반대하는 것이 아니

라 공산당의 매국주의賣國主義를 반대하는 것이므로 이북의 공산

주의자들은 이것을 공실히 깨닫고 일제히 회심해서 우리와 같은

보조를 취하여 하루 바삐 평화적으로 남북을 통일해서 정치와 경

제상 모든 권리를 다 같이 누리게 하기를 바라며 부탁합니다....

일인日人들의 선전만을 듣고 우리를 판단해 왔었지만, 지금부터는

우리 우방들의 도움으로 우리가 우리 자리를 찾게 되었은즉, 우리

가 우리말을 할 수 있고 우리 일도 할 수 있나니, 세계 모든 나라

들은 남의 말을 들어 우리를 판단하지 말고 우리가 하는 일을 보

아서 우리의 가치를 우리의 가치대로만 정해 주기를 우리가 요청

하는 바이니, 우리 정부와 민중은 외국의 선전을 중요히 여겨서

자유와 평화를 사랑하는 각국 남녀로 하여금 우리의 실정을 알게

해서 피배彼輩에 양해를 얻어 정의가 상통하여 교제가 친밀할 것

이니, 이것이 우리의 복리만 구함이 아니오 세계평화를 보증하는

방법입니다....

나의 사랑하는 3천만 남녀는 이날부터 더욱 분투 용진해서 날로

새로운 백성을 이룸으로써 새로운 국가를 만년 반석 위에 세우기

로 결심합시다."

이승만은 취임 선서를 통해 국민들에게 새 나라의 건

설을 위한 새 백성이 되자며 소리 높여 권했다. 출발이 늦었던 만큼 세계의 문명국들과 더불어 당당히 경쟁하자고 외쳤다. 그는 한편으로 북한의 공산주의자들에게도 경고했다. 소련의 종노릇 하는 반역 행동을 단념하라는 엄중한 호소였다. 조선 말기에 태어나 격동의 시기를 온전히 마주하며 살아온 73세 이승만은 **대한민국 초대 대통령**으로 취임했다. 제헌의회와 대한민국 정부는 1948년을 독립한 해로 여겼고, 1949년 8월 15일 '독립 1주년 기념식'이 거행됐다. 1949년 9월 의회에서 '독립 기념일'의 명칭이 **광복절**로 바뀌었다. 이승만의 초대 내각에는 임시정부의 주요 인물들과 독립운동가들이 대거 참여했다. 상해 임시정부 재무총장 이시영이 부통령, 임시정부의 내무총장 신익희가 국회의장이 되었다. 항일 변호사 김병로는 대법원장, 청산리 전투의 주역이자 광복군 참모장 이범석은 국무총리가 되었다.

일제 헌병 보조원이었던 동생 김영주를 부주석으로, 조선총독부 자문기관인 중추원 참의를 지낸 장헌근을 북한 임시 인민위원회 사법부장으로 기용한 김일성과 비교되는 지점이었다.

오늘 민주건설 첫돌 되는 날에
내가 기왕에도 여러 번 선언한 바를
다시 선언하고자 하는 것은
우리가 건설하는 이 사회는 안에서도 자유요
밖으로도 자유로만 될 것입니다.
모든 개인은 언어와 사상과 행동의
완전한 자유를 가질 것이나
오직 한 가지 금하는 바는
누구나 자기의 자유를 보호한다는 허명으로
남의 자유를 침손하는 것만을 막는 것입니다.

〈1945년 8월 15일 대한민국 건립 일주년 기념사 中〉

08
또 한번의 시련,
6·25를
맞닥뜨리다

순탄치 않은 어려움 속 대한민국 정부

갖은 어려움 속에 건국된 대한민국은 건국 이후에도 여전히 고통스러운 일들의 연속이었다. 우선 건국 이듬해인 1949년 6월 26일 한국독립당의 당수이며 이승만과 더불어 독립운동의 중심이었던 김구가 74세의 나이로 총격을 받고 사망했다. 김구는 임시정부 마지막 주석으로서 이루 말할 수 없는 갈등 속에서도 임시정부를 이끌어온 지도자였다. 김구는 현역 육군 포병소위이자 자신이 이끌던 한국독립당(한독당) 당원이었던 안두희安斗熙에게 집무공간이었던 서울 경교장에서 4발의 총탄을 맞고 사망하였다.

김구의 갑작스러운 죽음에 여론은 깊은 애도를 표명하였다. 현직 군인이 정치지도자를 살해할 만큼 당대는 지금으로서는 상상할 수 없는 혼란의 시기였다. 국회는 이승만 정부 수립 단 5개월 만에 내각제 개헌안을 제출했고, 국무총리는 국회의 인준조차 받지 못했다. 국회는 내각 총사퇴 결의안까지 통과시켰다. 장관을 쫓아내려는 불신임안도 계속 이어졌다. 이승만 정부는 하루도 편할 날이 없었다.

남한 내에서 반정부투쟁을 벌이던 박헌영朴憲永의 남
로당(남조선로동당)이라는 조직은 김일성과 소련 정부의 지
시를 받고 활동했다. 곳곳에서 선거 무효와 미군 철수를
외쳤고 테러를 자행했다. 국회 총선거를 한 달 앞두고는
평온하고 외딴 섬이었던 제주도에서 **4·3사건**이라 불리
는 충돌이 벌어졌다.

제주도는 한라산을 중심으로 공산주의자들이 곳곳에
서 국지적인 전쟁을 벌이고 있었고, 치안 유지기관인 군
과 경찰마저도 충돌을 빚었다. 이곳은 이념의 충돌로 불
안한 대한민국의 현실을 고스란히 반영한 공간이었다.
4·3사건 주동자인 김달삼金達三은 1948년 8월25일 월북
越北해 김일성에게 4·3사건의 전과를 보고하고 국기훈장
2급을 수여받았다.

극심한 혼란은 계속 이어졌다. 제주도로 출동 명령을
받은 여수, 순천 일대의 육군 제14연대가 반란을 일으킨
것이다. 대구에서는 제6연대가 무려 3번에 걸쳐 반란과
봉기를 거듭했다. 한반도의 높은 산악 지역을 중심으로
공산주의자들이 게릴라 전투를 벌이고 정부군이 반격하

기를 반복했다. 누가 적이고 친구인지 구별조차 할 수 없는 긴박하고 어려운 이 과정에서 무고한 양민들이 겪은 희생은 처참했다.

민족의 비극 6·25의 발발

급기야 1950년 6월, 한민족은 최악의 비극을 맞닥뜨렸다. 이승만의 취임 2년 만인 1950년 6월 25일 새벽 4시, 북한군이 침공해온 것이다. 정확히 전쟁이 발발하기 1년 전, 이승만은 쉬지 않고 미국 측에 군사 원조의 확대를 요청하고 있었다. 중국의 공산정부가 남한 침략에 동원될 수 있음을 우려한 이승만은 군 10만 명의 증원을 제안하기도 했다. 그러나 미국은 연신 거절했다. 1949년부터 이미 북한의 김일성은 연설을 통해 무력 남침 의지를 공공연히 밝혔다. 남북의 공산당 연합체인 '조국통일민족전선'은 이승만 축출을 결의하며 이승만을 협박했다.

남한의 국회의원 40여 명이 미군 철수안을 국회에 제출했고, 미군은 1949년 6월 29일 한반도에서 완전히

미국 극동 방위선
애치슨 라인(Acheson line, 1950)

필리핀-오키나와제도-일본본토-알류산열도

철수했다. 이 당시 한국군의 탄약 저장량은 전면전이 일어나면 겨우 3일을 버틸 정도에 불과했다. 이승만은 강력히 반대했지만 미국 국방부의 뜻이 확고했다. 특히 소련과의 협상을 강조했던 온건파 미국 국무장관 애치슨은 미군 철수뿐 아니라, 미국의 아시아 방위권에서 남한을 빼놓는 발표를 했다. 소위 애치슨 라인으로 6·25전쟁을 5개월 앞둔 시기였다. 애치슨은 북한과 소련이 공격해올 경우 일차적으로 한국 스스로 방위하라는 발표를 했고, 이는 김일성에게 남침을 통한 공산화 통일이 확실히 성공할 수 있다는 잘못된 자신감을 심어 주었다.

38선 북쪽 일대에 남한에서는 한 번도 본 적 없는 전투기, 탱크, 중화기가 차곡차곡 배치되었다. 침략을 예상한 이승만의 요구와 경고가 워낙 강경했기에, UN은 6월 초 특별조사위원회를 통해 침략 위험성에 관한 보고서를 UN에 제출했다. 6·25전쟁 발발 겨우 1주일 전으로 늦을 대로 늦은 보고서였다. 6월 25일 일요일 새벽 4시, 기습침공의 첫 포성이 울렸다. 처음에 정부는 이 침략이 평소처럼 흔했던 소규모의 도발인지, 전면적인 침략인지 선뜻 판단하지 못하고 있었고, 아침 9시가 되어서야 경기도, 강원도 일대 전체에 걸친 대규모 침략이었음을 확실히 알 수 있었다. 전방의 한국군은 오전 내내 북한의 중화기에 무참히 죽어갔다.

한국의 젊은 병사들과 장교들은 북한의 신형탱크에 화염병을 던지는 식으로 버텼다. 그야말로 눈물겨운 항전이었다. 미국 대통령 트루먼도 큰 충격을 받았다. 그는 이승만의 무수한 경고에도 불구하고 침략은 결코 없을 것이라는 미국 국무부의 보고서만 믿어왔던 것이다. 미국은 한국을 완전히 방치하고 있었음을 뒤늦게 깨달았다.

전쟁이 발발한 6월 25일 아침 9시 이승만은 도쿄에 있는 맥아더Douglas MacArthur 사령관에게 전화했으나 연락이 닿지 않았다. 일요일 오전이었다. 이승만은 긴급 국무회의를 열었으나 신성모 국무총리와 채병덕 육군참모총장은 국군이 잘하고 있다는 의례적 말만을 계속했고 시민들이 동요하지 말 것을 요청했다.

퇴각, 그리고 퇴각

이승만은 25일 밤을 꼬박 지새웠다. 서울 하늘에까지 소련제 전투기가 떠다니며 기관총 공격을 해오기 시작했다. 전쟁 중 대통령이 포로가 되거나 살해당한다면 전쟁은 끝나게 된다. 6·25의 상황 속에서 대통령이 잡힌다는 의미는 남한은 그대로 공산주의 국가가 된다는 것이다. 측근들은 급히 이승만을 피신시켰다. 이승만은 27일 새벽 4시 서울역을 출발했다. 그러나 전황을 정확히 모르는 상태에서 피난을 떠난 것에 금세 후회하며 다시 북쪽으로 상경했다.

그때 미군이 참전하기로 했다는 소식이 들려왔다. 이승만의 주장이 영향을 미쳤기에 가능했던, 믿기지 않게 빠른 결정이었다. 이승만은 곧바로 서울중앙방송국에 전화를 걸어 미군의 참전 소식을 알리도록 방송을 지시했다. 그러나 방송은 곧 중단됐다. 북한군이 방송실을 점령한 것이었다.

6월 28일 새벽 1시경 마침내 미아리 고개에 북한군 탱크가 들어왔다. 한 시간 후 한강대교(한강인도교)가 폭발로 끊어졌고, 북한군과 싸우던 국군 6개 사단이 고립되었다. 비록 이승만이 내린 명령은 아니었지만 전쟁 초기의 대응 중에서 훗날 큰 논란이 된 것 중 하나가 한강대교를 끊은 시점이다. 그러나 북한의 기습 남침으로 당시 침입 목적과 병력 규모를 명확히 알게 되기까지는 시간이 걸렸다.

개전 초 압도적인 병력이 물밀 듯이 밀고 내려오는 상황에서 아군의 전열을 정비하는 등 체계적으로 응전할 수 있도록 시간을 벌어야 했고 이를 위한 누군가의 전략적 선택이었다. 지금은 어느 결정이 옳았고 틀렸는지 쉽게 이야기할 수 있지만, 일촉즉발의 긴급한 전쟁 상황에서 한 점 오점이 없는 선택을 한다는 것은 불가능할 수 있다. 전쟁 중 매초, 매분마다 긴박한 결정의 순간이 있었고, 어떤 선택은 후대에게 인정받고, 어떤 선택은 비난받는다. 누군가는 살고, 누군가는 죽는 전쟁의 엄혹한 현실은 결과를 예측할 수 없는 긴박한 결정들의 결과인 것이다.

이승만은 6월 28일 대전에서 임시 국무회의를 열었고, 다시 7월 1일 대전을 떠나 피난길에 올랐다. 대구로 가려던 중 게릴라에 공격당할 위기 때문에 목포로 방향을 틀었다. 당시 대통령 일행은 아내 프란체스카와 수행원 셋뿐이었다. 이들은 겨우 해군함정에 올라 부산항에 도착했다. 7월 2일이었다. 7월 9일에는 좀 더 전선에 가까운 대구로 다시 북상하였다.

6·25는 소련과 북한이 한반도 전체를 공산화시키기 위해 일으킨 전쟁이었다. 미국을 비롯한 UN군이 참전하지 않았다면 지금의 대한민국 국민이 누리고 있는 자유와 평화는 불가능했을 것이고, 전 세계에서 국민이 가장 가난하고 억압받는 북한의 모습이었을 것이다. 트루먼 대통령의 놀랍도록 신속한 참전 결정은 북한에게 충격이었다. 그 당시 김일성은 미국이 남한을 포기할 것으로 예상했기에 한 달이면 충분히 전쟁을 성공리에 마친 후 한반도를 공산화시킬 수 있을 것이라 기대했던 것이다.

7월 1일 미군 24사단 소속의 선발대가 경기도 오산에 배치되었다. 본격적으로 미군이 북한에 맞서기 시작했지만, 전쟁 초기에는 미군에게 불리한 전개가 지속되었다. 첫 전투에서 미군 500명 가운데 200명이 희생되었다. 미군의 참전에도 불구하고 7월 20일에는 대전까지 북한 손아귀에 넘어갔다. 대전에서는 또다시 미군 1,200여 명이 희생당했고, 24사단장인 딘 소장은 포로로 잡히기까지 했다. 제2차 세계대전이 끝난 지 이미 5년이 된 미군으로서도 예기치 못한 갑작스러운 전쟁과 그간 계속 공산화 전쟁을 계획한 세력에 대해 만반의 준비를 할 수는 없었다.

8월 1일 미군과 한국군은 한반도의 최남동 지역 낙동강까지 밀려났다. 대한민국 영토의 70% 이상을 빼앗겼고, 사실상 더 밀릴 곳도 없는 절체절명의 순간을 맞이했다. 국군과 미군은 '낙동강 방어선'이라고 불리는 최후의 방어 전선을 설정하고, 나라가 망하기 직전, 마지막 항전을 벌일 참이었다. 그때까지 국군은 후퇴를 거듭하였다. 계속된 승리에 도취된 김일성이 한반도 전체를 삼키고 공산주의 국가를 수립하기 직전이었다. 김일성이 그 무렵 목전에 앞둔 한반도 공산화 통일의 꿈에 부풀어 경기도 포천에 있는 산정호수의 절경을 배경으로 별장을 지어놓았다는 소문도 흘러나왔다.

프란체스카는 일기장에 이 당시 절박하고 가여운 이승만의 기도를 기록했다.

"오 하나님, 우리 아이들을 적의 무자비한 포탄 속에서 보호해 주시고 죽음의 고통을 덜어 주시옵소서. 총이 없는 아이들은 오직 나라를 지키겠다는 신념만으로 싸우고 있나이다... 당신의 아들들은 장하지만 희생이 너무 큽니다. 하나님! 나는 지금 당신의 기적을 기다리고 있습니다." (50년 7월 17일)

"하나님 어찌하여 착하고 순한 우리 백성이 이런 고통을 받아야 합니까? 이제 결전의 순간은 다가옵니다. 우리 한 명이 적 10명을 대적할 수 있는 힘과 용기를 주소서!" (50년 7월 29일)

"하나님, 이 미련한 늙은이에게 보다 큰 능력을 허락하시어 고통 받는 내 민족을 올바로 이끌 수 있는 힘을 주소서!... 하나님! 우리를 불쌍히 여기사 큰 힘을 내려주시옵소서!" (50년 10월 12일)

UN군의 참전과 서울 수복

뉴욕에 본부를 둔 UN 소회의장에서 놀라운 뉴스가 들려왔다. 역사상 최초로 국제 연합군이 창설되어 한국을 도우러 온다는 소식이었다. 전쟁 일주일 만의 일이었다. 국제연합, 즉 UNUnited Nations은 최상위 회의기구인 **안전보장이사회**를 두는데 이 기구는 그 당시 상임이사국이었던 미국, 소련, 대만, 영국, 프랑스의 만장일치에 의해서만 의결이 가능했다. 누가 봐도 전쟁을 사전 모의한 소련이 UN군 결성에 찬성할 리 만무했지만, 놀랍게도 소련이 안보리 회의에 결석해버려 거부권을 행사하지 못했다. 소련은 자국이 불참했기 때문에 주한 UN군에 관한 안보리 결의가 무효라고 주장했다. 그러나 결석과 기권을 거부 행위로 보지 않기에 이는 명백히 소련의 실수였다. 뒤늦게 실수를 깨달은 소련은 이후 안보리 회의에 적극 참석해서 중공군 철수를 다룬 12월 결의안에는 거부권을 행사했다. 이와 같은 소련의 전략적 실수는 대한민국의 운명을 바꾼 행운이었다.

전쟁 발발 후 열흘 가량이 지난 7월 7일 UN군이 창설되었고, 맥아더가 총사령관에 임명되었다. 미국을 비롯해 총 21개국 출신의 젊은이들이 이름조차 모르는 나라, 한국으로 몰려들었다. 전쟁 기간 동안 무려 미군 48만 명, 영국군 6만 명, 캐나다군 2만 6천 명 등 60만 명에 달하는 꽃 같은 젊은이들이 두려움 속에 군함을 타고 한반도로 향했다.

가난하고 조그만 변방의 나라 대한민국을 구하겠다는 뜻이 모인 것이다. 지금도 서울시 용산구에 있는 **전쟁기념관**에는 대한민국의 공산화를 막기 위해 목숨을 내놓은 숭고한 청년들의 이름이 동판에 가득 새겨져 있다. 특히 셀 수도 없이 많은 미군의 이름들이 빼곡하게 적혀 있다. 아직도 북한에서 싸우다가 숨진 채 미국으로 돌아가지 못한 미군의 유해 약 5천3백여 구가 북한에 남아 있다. 지금 우리가 누리고 있는 풍요로운 삶은 그 아름다운 청년들의 희생으로 인해 가능했던 것이다.

총사령관 맥아더는 서울에서 겨우 30여 킬로미터 거리 정도 떨어진 항구도시 인천을 주목했다. 인천 지역으로 기습해 들어가 북한군 허리를 끊겠다는 대담한 계획이었다. 영화로도 나온 유명한 **인천상륙작전**이다.

적진의 한가운데 군인들을 밀어 넣는 이런 식의 변칙적인 전략은 창의적인 작전이었지만, 보기 드문 도박이기도 했다. 불가능하다는 수많은 반대를 뚫고 비밀리에 진행된 계획이었다. 장사상륙작전과 군산상륙가설 등 많은 연막 작전을 펼친 끝에 9월 15일 새벽 UN군은 맥아더의 명령을 따라 인천을 기습했다. 북한 측은 예상하지 못한 일격이었다. UN군과 국군은 순식간에 인천을 되찾았다. 군은 서울로 진격해 2주 뒤인 9월 28일 마침내 서울을 수복했다. 이 놀라운 작전의 극적인 성공으로 인해 인천 및 서울의 남쪽에 내려와 있던 모든 북한군이 고립되었다.

삼팔선을 넘어 북진하다

UN군이 단행한 인천상륙작전이 성공하자 부산을 향해 돌진하던 북한군은 다급히 태백산맥을 타고 북쪽으로 도주하기 시작했다. 도주하지 못한 군인은 지리산 등으로 숨어들어 갔고, 훗날 빨치산이 되었다.

1950년 9월 28일 서울을 수복하고, 전쟁으로 잃었던 38선 아래 거의 전 국토를 회복하기에 이른다. 감격스러운 서울과 남한 국토의 수복이 있었지만, 이때부터 다시 미국 측과 이승만의 입장이 갈리기 시작했다.

이승만은 북으로 진격해 북한을 해방하고 통일해야 한다고 주장했다. 반면 미국은 전쟁이 한반도 밖으로 확대되어 소련을 위시한 공산권 국가들이 개입하는 제3차 세계대전이 일어날 가능성을 우려했다. 그러나 이승만은 미국의 눈치를 보지 않고, 서울을 수복한 지 단 이틀 만에 단호하게 북진을 명령했다.

이승만은 "대한민국 국군은 삼팔선을 넘어 즉시 북진하라. 일천구백오십년 구월 삼십일 대통령 이승만."이라고 직접 펜글씨로 적은 명령서를 참모총장 정일권에게 건넸다. 이튿날 국군은 UN군의 지휘를 받지 않고, 이승만의 명에 따라 단독으로 10월 1일 38선을 넘었다.

대한민국 군이 단독으로 38선을 넘은 이 날을 오늘날까지 **국군의 날**로 지정해 자주국방의 큰 뜻을 매년 기념한다. 이승만의 단호한 결단에 결국 UN군도 10월 7일 38선 돌파를 허락했다. 북한군의 상당수가 남한 지역에 고립되거나 궤멸된 상태였던지라 진격은 더욱 빨랐다. 국군은 북한의 허리춤에 속하는 원산과 함흥을 점령했고, 10월 19일 평양을 탈환했으며, 10월 29일 이승만은 북한의 수도 평양을 직접 방문했다.

  이승만은 민중들 앞에서 연설을 했다. 평양에 자유의
바람이 불어오려는 순간이었다. 이승만은 민중들에게
조만간 북한에서도 자유로운 선거가 실시될 것이며 국
회의원도 직접 선출하도록 하겠다고 약속했다. 연설이
끝난 후 그는 신변을 걱정하는 군인들에게 걱정하지 말
라는 몸짓을 하고는 성큼성큼 군중들 속으로 걸어 들어
가 사람들과 일일이 악수했다.

중국의 참전, 길어지는 전쟁

국군과 UN군은 진격을 거듭했다. 10월 26일에는 국군 6사단 장병이 중국 접경 지역인 압록강에 닿았다. 이미 북한 땅 대부분을 수복했고 통일이 목전인 순간이었다. 그러나 이때에도 이승만과 UN은 또 의견이 달랐다. 이승만은 한국의 영토인 북한에 대한민국 정부에서 임명한 도지사를 파견하려 했지만, UN은 자신들이 북한을 통치하려는 입장이었다. 그러나 이는 쓸모없는 논쟁이 되고 말았다. 중국의 공산당 군대가 불법적으로 한반도로 밀려들어온 것이다. 중공군의 1차 공세(1950.10.25 ~ 11.7)가 시작되었다.

중공군의 숫자는 실로 엄청난 것이었다. 국군과 UN군은 그 거대한 숫자의 위세만으로 밀리기 시작했다. 앞사람이 숨지면 뒷사람이 그 총을 주워서 사용하라는 공산당 특유의 잔혹한 '인해전술'이었다. 인해전술은 군사용어로 '제파공격' 혹은 '파상공격'으로, 엄청난 수의 병사들을 여러 무리로 나누고 한 무리씩 일제 공격시켜 방어군의 탄약을 소모하게 하고 사기를 떨어뜨리는 전술

이다. 엄청난 인명피해가 따르지만 전투에서는 승리할
수 있었다. 미군은 평안북도 운산에서 중공군에게 충격
적으로 패하였고, 이후 후퇴를 거듭했다. 혹독한 겨울이
었고, 평지는 드물었다. 맥아더의 말처럼 중국 공산군의
참전으로 6·25전쟁은 '전혀 새로운 전쟁'으로 변해가는
양상이었다. 이런 상황에서 중국 만주까지 공습하자고
주장하는 맥아더 총사령관과 트루먼 대통령 사이에 갈
등이 생기기 시작했다. 맥아더는 결국 트루먼에 의해 해
임되었고, 미국으로 소환되기에 이른다.

국군과 UN군은 계속 밀려났고 서울은 1951년 1월
4일 다시 북한군에게 빼앗겼다. 미군과 UN군은 한반도
로부터 완전히 철수하는 방안까지 진지하게 검토하기
시작했고, 한국 정부를 제주도나 태평양 한가운데 조그
만 섬인 서西사모아로 옮기는 충격적 방안까지 검토하였
다. 한반도가 공산화 되어버리고 대한민국이 역사에 사
라질 수 있는 일촉즉발의 상황이었다. UN군 소속 젊은
이들이 무수하게 죽어가는 상황에서 각 나라마다 파병
에 대한 여론은 악화되어 가고 있었다. 그럼에도 한반도
의 공산화를 막기 위한 이승만의 항전 의지는 꺼지지 않

앗다.

매튜 리지웨이Matthew B. Ridgway 장군이 맥아더의 뒤를 이어 신임 UN군 사령관으로 부임했다. 이승만과의 면담을 마친 리지웨이 장군은 "나는 여기 머물기 위해 왔습니다."라며 후퇴하지 않겠다는 확답을 해 주었고, 이승만은 감사의 뜻을 전했다. 결국 국군과 연합군은 반격을 결정했다. 1951년 3월 4일 국군과 UN군은 어려움 속에 서울을 다시 탈환했고 전선戰線을 오늘날 휴전선 인근으로 묶어 두는 데 성공했다. 돌고 돌아 다시 전쟁 발발의 첫 순간으로 돌아온 것이다.

■ 국공내전, 그리고 한국의 운명

중국의 소위 '국공내전'은 독립운동가 이승만과 한국의 운명마저도 바꾼 역사의 결정적 장면이었다. 이승만이 독립운동으로 세계를 누비던 시기 한국의 옆 나라 중국도 우리 못지않게 일본에게 침략당하고 있었다. 당시 중국은 오랫동안 서양국가들에게 국권을 침탈당해왔다가 차츰 국력을 회복하고 있었다. 중국에 공화국을 세우고자 했던 국부 쑨원의 지도 아래 중국 국민당은 군벌 세력들로부터 조금씩 중국을 통합하고 있었다. 중국 통일을 눈앞에 두고 쑨원이 서거하였고 그의 뒤를 이어 장제스(장개석)가 국민당을 이끌게 되었다. 문제는 일본군이었다.

장제스는 육,해,공군 총사령관으로 국민당을 이끌었으며 일본으로부터 중국 영토를 회복할 중대한 사명을 잇게 되었다. 장제스는 이승만, 김구 등 한국의 독립운동가들과도 교류하며 우애를 나누었다. 그러나 중국에는 마오쩌둥(모택동)이라는 지도자 아래 새로운 세력인 공산당이 세를 불리고 있었다.

장제스는 강력한 반공주의자였고 여러 차례 중국공산당을 물리치려 하였으나 그때마다 일본의 외침으로 궁지에 몰렸다. 그 당시 중국의 여론은 '내전정지內戰停止 일치항일一致抗日', 즉 일단 공산당과 연합해 일본을 물리치자는 쪽으로 기울어 있었다. 장제스는 1936년 시안성에 갔다가 부하 장쉐량(장학량) 군대에 감금당하는 수모까지 겪었다. 장쉐량은 동족인 공산당 세력과 우선 화해하고 일본에 맞서자는 주장을 했다. 언뜻 옳은 말 같았다. 그 결과 1937년 국공國共합작이 시작되었다. 합작은 예상대로 처참한 패착이었다. 대의를 위해 중화민족끼리 연합하자는 이 조치는 실은 약세였던 공산당이 국민당 뒤에서 세력을 키울 시간과 여유를 주고 말았다. 정작 일본과의 싸움은 늘 장제스의 몫이었고, 이 치열한 전쟁의 뒤에서 공산당은 장제스를 파멸시킬 방도를 꾸미고 있었다. 공산주의자의 흔한 전략적 제스처에 속은 장제스는 결국 비참한 패배를 맞고야 만다.

제2차 세계대전 이후 일본이 물러나자 장제스는 예정대로 1946년 중국공산당과 다시 내전을 시작했다. 그러나 공산당은 이미 과거의 취약한 공산당이 아니었다. 엄청나게 세력을 불린 마오쩌둥의 중국공산당 세력은 1949년 12월 장제스를 완전히 패퇴시켰다. 국민당은 중국 대륙에서 쫓겨나 타이완 섬으로 밀려났다. 한때 통일 중국의 리더가 될 뻔한 장제스로서는 참으로 초라한 정치적 말로였다. 국공합작 이후 중국에서는 '문화혁명'이 일어나 기업가, 교육자, 지식인 등 수백만 명이 희생됐다.

중국공산당은 김일성을 지원하여 6·25전쟁에 참전하였고, 만주에서부터 밀어붙인 인해전술로써 국군과 UN군에 의한 한반도 통일을 막았다. 오늘날에 이르기까지 중국공산당은 김일성, 김정일, 김정은으로 이어지는 북한의 세습독재 정부를 후원하고 있다.

절망하지 마시오.
우리는 결코 당신들을 잊지 않을 것이며
져버리지 않을 것입니다.
우리의 잃어버린 이북 5도와 북한의 우리 동포들을
다시 찾고 구출하려는 한국 국민의 근본 목표는
과거와 같이 장차에도 그대로 남아 있습니다.

〈이승만 대통령, 1953년 8월 10일,
휴전에 관한 입장을 밝히는 성명 中〉

09
드디어 휴전,
한미동맹의 시작

6·25전쟁 상황 속 여전한 갈등

3년 1개월의 전쟁 기간 동안 인명피해는 남북 민간인 포함 450만 명이나 되었다. 군인 전사자만 한국군 23만 명, 미군 3만 명, 기타 UN군 3천 명이었고 산업시설의 43%, 주택 33%가 파괴되었다. **6·25전쟁**은 제2차 세계대전 이후 최대의 인명피해를 기록한 참사였다. 1952년 10월, 내무부에서 발간한 「대한민국 통계연감」에 의하면 6·25전쟁 중 북한군과 좌익에 의해 학살된 수는 122,799명에 이른다. 전쟁 중 그들은 미처 피난을 가지 못한 경찰이나 군인 그리고 이들의 가족들을 체포해 그 자리에서 인민재판에 회부했으며, 체포를 거부할 시에는 즉결 처형했다. 북한군은 공무원, 군, 경찰, 학자 등 인텔리 계층을 최우선으로 희생시켰다.

그러나 이 참극의 와중에도 한국 지도자들은 분열하고 갈등했다. 전쟁의 포성과 아비규환 때문에 이 분열상이 상대적으로 눈에 덜 띄었지만, 젊은 참전 군인들이 분투하는 상황과 비교되는 부끄러운 장면이었다. 전쟁 중 한국 정부의 임시 수도였던 부산은 이 혼란의 중심지였다. 부산으로 함께 피난해온 행정부와 국회는 실상 내전에 가까운 갈등을 빚고 있었다. 특히 전쟁과 거의 동시에 임기를 시작한 대한민국 2대 국회는 당선자 210명 중 무소속이 126명인 상황이었다.

무소속 국회의원들이 각기 목소리를 내니 국회 내에서 협상이나 협의가 제대로 이루어지지 않았다. 북한군은 이미 북으로 물러났고 후퇴하지 못한 북한군이 전쟁 전부터 빨치산 활동을 하던 세력과 합세하여 유격전을 벌이고 있었다. 전쟁 상황 중 북한군을 색출하는 과정에 소위 거창사건이라고 부르는 비극이 있었다.

거창사건은 6·25전쟁이 빚어낸 아픔이었다. 1951년 2월 경상남도 거창군의 한 마을 주민들이 공비들과 내통했다는 혐의로 국군에게 희생당했다. 행정부와 격렬히 갈등을 빚던 입법부는 진상조사단을 구성했다. 이 진상조사단의 단장이었던 현역 국회의원이 육군 대위와 시비하던 중 권총으로 그를 살해하는 일까지 발생했다. 그는 1심에서 사형을 선고받았으나 2심에서 징역 8년으로 경감되었다.

압록강 인근까지 진군했다가 중공군에 밀려 퇴각하던 1·4 후퇴 와중에는 **국민방위군 사건**이 있었다. 당시 많은 병력이 필요했던 한국 정부는 UN군과는 별도로 독자적인 국민방위군을 설치했다. 그러나 50만 명이 넘는 이 대군을 훈련시키는 과정에서 부패한 군 간부들이 25억이라는 막대한 예산을 빼돌렸다. 이 부패한 군 간부들의 착복으로 예산 부족이 발생해 혹한기에 천명이 넘는 병사들이 동사했다. 수만 명은 영양실조에 걸려 사망했다. 전쟁 와중에 발생한 이 사건이 한국사회에 준 충격은 대단했다. 국방부 장관이 책임지고 물러났고 혐의자들인 군 간부 5명이 처형되었다. 의회에서 선출된 이시영 부통령이 사임하는 등 이승만 정부는 또 한 번 궁지에 몰리게 되었다.

중공군 개입으로 다시 전황이 어렵게 된 상황에서 이승만은 입법부에서 대통령을 선출하는 방식 대신 국민들이 직접 선거에 참여하는 직선제로의 개헌을 요구했다. 그러나 국회는 도리어 대통령제 대신 입법부가 권력을 갖는 내각책임제 개헌안을 제출했다. 국회와 행정부가 팽팽히 맞섰다. 헌병들은 당시 국회의원들의 출근 버스를 강제로 연행했고 그 중 10여 명을 간첩 혐의로 구속까지 했다. 소위 '부산정치파동'이었다. 당시 언론은 혹독하게 이승만 행정부를 비판했다. 이때 이승만의 입장은 명확했다. 전쟁 중 국가의 생존을 위해서는 국회의원의 권한을 제약할 수 있다는 것이었다.

국회의 속사정과는 달리 대중의 민심은 이승만을 향했다. 지방의원들이 직선제 개헌 지지를 결의하고, 국회의사당을 에워싸고 항의 시위까지 벌였다. 결국 국회는 압박 속에 1952년 7월 4일 대통령 직선제 개헌을 가결했다. 이제 대통령뿐 아니라 부통령까지도 국민이 직접 선출하게 되었다. 복잡한 파동 끝에 결국 같은 해 8월

2일, 대통령 선거가 실시되었고 이승만은 74%의 지지로 당선되었다. 미국 정부도 그를 다시 인정하지 않을 수 없었다. 특히 최전방에서 전쟁을 치르던 미군 장교들은 이승만을 지지했고, 대통령 선거가 끝나자 정국은 점차 안정되어 갔다.

6·25전쟁 상황을 함께 겪었던 미군 사령관들은 이승만을 매우 긍정적으로 평가했다. 1950년 12월, 월튼 워커Walton Harris Walker 장군이 교통사고로 사망한 후 미8군사령관으로 부임한 매튜 리지웨이Matthew Bunker Ridgway 장군은 회고록에서 이승만을 다음과 같이 묘사한다.

"나는 마음속으로 이 용감한 노신사에 대해 존경과 동정을 금할 수 없었다. 공산당에 대한 증오와 그 자신의 국민들을 위해 매우 편견에 가득 차 있기는 했지만… 그리고 더 나아가 거의 불가능한 것을 끊임없이 요구해 왔지만, 그는 전 생애를 통해 헌신한 그의 조국에 대한 깊은 애정에서 이같이 행동하고 있었다."

리지웨이의 후임 UN군 사령관이었던 마크 클라크 Mark Wayne Clark 장군은 이승만 대통령의 반공포로석방, 휴전협정 반대, 평화선 선포 등 미군의 입장에 반대되는 언행들로 인해 어려움을 많이 겪었음에도, 자신의 회고록 『다뉴브강에서 압록강까지』에서 다음과 같이 기술했다.

"이 대통령은 자신의 국가를 위한 전략적 구상에 대해 방해가 되는 사람이나 장애물에 대해서는 상대편이 적이든 우방이든 가리지 않고 가차 없이 도전하는 용기를 가진 무서운 지도자였다. 조국의 자유를 위한 그의 불굴의 결의, 일본 혹은 소련과 같은 전체주의에 대한 오랜 세월의 투쟁, 이런 것 때문에 나는 그를 존경하게 되었다."

한편, 리지웨이의 뒤를 이어 미8군사령관이 된 밴 플리트James A. Van Fleet 장군은 이승만을 '위대한 한국의 애국자, 강력한 지도자, 강철 같은 사나이이자 카리스마적 성격의 소유자'라고 이야기하고, "자기 체중만큼의 다이아몬드에 해당하는 가치를 지닌 인물이다."라고 평했다.

밴 플리트의 후임인 맥스웰 테일러Maxwell Davenport Taylor 장군은 이승만의 반공포로석방 등으로 곤란을 겪었기에 이승만에 대해 비판적이었지만, 남베트남 대사를 지낸 후 "남베트남에 이승만 같은 지도자가 있었다면, 공산군에게 패망하지 않았을 것이다."라고 이야기했다.

휴전 회담이 시작되고

1951년 여름을 지나며 미국 정치권은 한반도 문제를 어떻게 해야 할지 고민하고 있었다. 공산주의자들과 휴전하기 위해 어디까지 양보할 수 있을지 구체적 방안까지 논의 중이었다. 이승만은 이런 미국 행정부의 변화를 눈치채고 미국 측을 압박하고 경고를 보냈지만, UN에서는 1951년 1월 13일, 현 전선에서 휴전하고 평화회담을 개최하며 UN군과 중공군을 단계적으로 철수한다는 등의 방안이 논의되었다. 승세를 타고 있던 중공이 이를 거부하고 새로 임명된 UN군 사령관 리지웨이 장군이 반격 작전을 적극적으로 전개하면서 UN에서의 휴전 논의는 중지되었다.

사실 휴전회담은 1951년 7월부터 시작되어 지루하게 이어졌다. 1953년에 이르자 구체적 합의안도 수면 위에 꽤 드러났다. 휴전에 반대하던 이승만은 트루먼 대통령에게 격렬하게 항의했다. 중국을 북한에 둔 채 휴전 협정을 체결하면 중공군은 당연히 틈을 보아 남침을 하고 한반도가 공산화될 것이 당연하다는 것이었다.

자유민주주의 대한민국을 강경하게 지키고자 한 이승만은 이번에는 주미 대사까지 미국에 보내어 협박에 가까운 최후통첩을 했다. 한국의 요구가 받아들여지지 않고 휴전이 된다면 한국군을 UN군에서 빼버리겠다는 통보였다. 훗날 기밀문서를 통해 알려졌지만, 당시 미국은 고분고분하지 않은 이승만을 체포해 제거할 계획까지 세워두고 있었다.

힘이 지배하는 국제관계에서 강대국들은 여차하면 약소국을 희생시켜 이익을 도모할 준비가 되어 있었다. 이승만은 강대국들이 한국의 의사와 관계없이 멋대로 전쟁을 중단하려는 모습에 실망했다. 전쟁 중 발생한 포로 송환 문제 역시 쟁점이었다. 공산군 포로 중 공산주의국가에 송환되는 것을 거부하는 '반공포로'의 수가 상당했다. 전쟁 중 북한군에 의해 강제로 끌려간 '공산주의자가 아닌 군인'의 수도 상당히 많았고, 중국과 북한에서 내심 공산주의에 반감을 가지고 있다가 징집되어 반공주의를 드러낸 북한군 포로도 상당했다. 북한으로 돌아가기를 거부한 반공포로들은 강제송환을 우려해서 몸에 태극기를 문신으로 새기고 혈서를 써서 몸에 지니는 결기를 보이기도 했다. 중국과 소련, 북한 등은 만약 포로 개개인에게 선택권을 줄 경우 공산주의를 버리고 남한행을 선택할 포로들을 막기 위해 이들을 일괄적으로 송환시키려 했다. 이승만은 이에 반대하며 모든 반공 포로들은 일괄적으로 대한민국 정부에 송환되어야 한다고 주장했다. UN 측이 협상 조건으로 반공포로들을 대한민국이 아닌 중립국의 관리에 넘겨 버리려는 입장을 내비치자 이승만은 분개했다. 당시 인도를 비롯한 중립국들은 사실상 친 소련 성향을 보였고, 반공포로들은 결국 반강제적으로 북한에 끌려갈 위험이 다분했다.

상당수의 반공포로들이 자유의 품에 안기지 못할 것을 우려하여 이승만은 미국과 UN 참전국들의 반대를 무릅쓰고 반공포로의 일방적 석방을 결정했다. 엄격한 반공주의자 이승만은 UN 측의 입장을 무시하고 인천항에 갓 도착한 중립국 인도 군인의 상륙을 거부했다.

1953년 6월 18일 새벽 2시, 한국군은 전국 수용소에 나뉘어져 있던 약 2만 7천 명 반공포로들과 짜고 일제히 신호를 주고받아 철조망을 뚫어버렸다. 한국군이 그들을 대거 탈출시킨 것이다. 미군 병사들이 다급히 총을 쏘

앗지만 대부분의 포로들이 무사히 탈출해 한국 경찰이 안내하는 민가로 숨어들었다. 이 사건은 그야말로 미국을 비롯한 전 세계에 충격을 주었다. 공산군 측을 극도로 자극해 휴전협상 자체를 결렬시킬만한 폭발적 사건이었다. 작은 나라 대통령 이승만은 이처럼 강대국들을 상대로 주춤거리지 않고 당당하게 뜻을 펴고 있었다. 이는 그 당시 진행이 미진했던 **한미상호방위조약**을 추진하고자 하는 이승만의 노림수이기도 했다.

휴전, 그리고 한미상호방위조약

미국은 이승만을 설득하지 못하면 휴전이 불가능함을 알아차렸다. 신임 대통령 아이젠하워(Dwight Eisenhower, 1953-1961, 34대)는 이승만과 대학 동문인 친분 있는 이들을 특사로 선발해 서울로 파견하였다. 3주에 걸쳐 길고 힘겨운 협상이 이어졌다. 이승만이 휴전의 조건으로 내건 것은 바로 '한미동맹'이었다. 이승만은 미군이 철수하면 반경 500km 거리에 몰려 있는 중국, 소련, 북한의 틈바구니에서 이 약소국이 생존하기 어려울 것이라는 것을 예상했다. 미래와 국제정세를 정확히 파악한 이승만의 예상은 이번에도 옳았다. 이승만은 어떻게든 미국을 한반도에 묶어두려 했지만, 미국은 위험천만한 한국 땅에서 떠나고 싶었다. 미국의 도움이 절실하다고 느낀 이승만은 미국인들의 동정심을 자극하여 여론을 돌려세우기 위해 미국 국민들을 상대로 여러 차례 절절한 메시지의 성명서를 발표했다. 자신이 한국인의 안녕만을 위해 싸우는 것이 아니라, 자유주의자로서 공산주의자들과 운명적 싸움을 벌이고 있다는 내용이었다. 한국인의 반공투쟁은 그 옛날 미국의 독립혁명 정신을 고스란히 잇는 것이라는 방송연설도 했다.

미국인들 입장에서 이승만은 참으로 인상적인 지도자였다. 이승만의 연설 덕분에 한미동맹 결성을 지지하는 결의안을 채택하는 주들이 속속 나타났다. 미국의 여러 일간지들도 이승만에 대한 지지 논설을 실었다. 수천 명의 미국인들이 이승만에게 격려의 편지를 보내왔다. 상당수 미국인들은 자신들보다도 자유주의적 신념이 강하고 반공 결의로 똘똘 뭉친 노년의 정치 지도자에게 매력을 느꼈다. 결국 아이젠하워는 이승만의 뜻에 따라 최종적으로 한미상호방위조약 체결을 확약했고, 이승만도 휴전에 동의했다. 미국과 UN으로서는 중국, 소련보다 이승만이라는 외골수를 설득하는 일이 더 괴롭고 지치는 과정이었다. 1953년 7월 27일, 판문점에 모인 당사국들이 휴전협정서에 서명을 했다. 12시를 기점으로 국토에 포성이 멈췄다. 지긋지긋한 전쟁, 발발 3년 1개월 만의 휴전이었다. 휴전을 바라보는 이승만은 다음과 같이 우려를 보인다.

> "휴전협정은 전쟁을 줄이는 것이 아니라 더 큰 전쟁의 준비행위이고 더 많은 고난과 파괴를 의미하며, 전쟁과 내란에 의한 공산당의 더 많은 침략행위의 서막이 된다는 확신 때문에 나는 휴전협정의 서명에 반대해왔습니다. 이제 휴전이 서명된 이 마당에 나는 그 결과에 대한 나의 판단이 틀렸던 것으로 나타나기만 기대할 뿐입니다."

미국은 전쟁 후 공식적으로 2개 사단을 한반도에 주둔시키겠다고 약속했다. 이승만이 불굴의 의지로 얻어 낸 한미상호방위조약은 추후 있을지 모를 제2의 6·25전쟁을 막아 줄 보증수표였다. 이승만은 조약체결 후 "이제 한미상호방위조약이 체결되었으므로 우리 후손들은 수 대에 걸쳐 이 조약으로 말미암아 갖가지 혜택을 누릴 것입니다."라며 만족감을 표했다.

결정적 순간에 발휘되는 이승만의 통찰력은 정확했다. 2017년 대한민국 국회에서 연설한 미국의 도널드 트럼프(Donald John Trump, 제 45대) 대통령 역시 반세기 넘게 이어온 혈맹관계와 자유진영의 일원으로서 성장한 한국의 발전 사례를 강조했다. 휴전 당시부터 지금까지 세계 최강국의 군사력과 함께 하기에 북한의 적화통일의 의지를 막고 있으며, 이 때문에 북한은 한미상호방위조약을 폐기하라고 외치고 있다.

실제로 이십 년 후 한반도와 비슷한 상황에 처했던 동남아시아의 분단국 남베트남은 미군이 떠나는 것을 붙잡지 못했고, 불과 2년 만에 공산국 북베트남의 재침공을 받았다. 남베트남은 불과 5개월 만에 함락되어 멸망했고, 베트남은 공산국가가 되었다. 당시 많은 남베트남인들이 학살을 피해 보트를 타고 아시아 바다를 떠돌았다. '보트피플'이라는 비극적 탈출행렬이었다. 미국과 동맹을 맺은 서독은 1991년 동독을 흡수 통일했고, 한미동맹을 맺은 대한민국도 현재 북한을 압도하는 경제력과 군사력을 가진 국가가 되었다.

미국에 당당했던 약소국의 대통령

1954년 7월 일몰이 드리운 워싱턴 내셔널 공항에 인파가 몰렸다. 아시아에서 온 작은 몸집의 노인이 미국 의회에서 연설하기 위해 워싱턴에 도착했다. 전쟁 개시 일주일이면 패망할 것이라던 나라를 끝끝내 버티어 지킨 한국인들, 노신사는 그 한국인들의 대표자 이승만이었다. 공항 환영식에서 당시 부통령이었던 닉슨Richard Milhous Nixon 의 환영사가 끝나자 이승만은 15분간 즉흥 연설을 이어갔다. "워싱턴의 겁쟁이들 때문에 미국이 겁을 먹어 우리 한국은 통일되지 못하고 결국 공산세력의 위세만 과시하게 해주었습니다." 그는 미군이 한반도에서 철수한 것, 소련과 북한의 야욕을 자극해 전쟁을 불러들인 일, 일본에 편중된 미국의 대아시아 정책 등을 강도 높게 비판했다.

미국 측은 일방적으로 한국과 일본의 수교를 종용하고 있었다. 이승만은 한일수교를 강권하는 미국 측의 협정문 초안을 보고는 대노했다. 그는 아예 정상회담 자리도 나가지 않아 양국 관료들을 당황하게 만들었다.

이승만은 수행원들에게 이렇게 말했다. "이 친구들이 나를 불러놓고는 어찌어찌 올가미를 씌울 생각인가 본데, 이런 식이라면 다시 아이젠하워를 만날 이유가 없지 않은가." 격노한 이승만 때문에 뒤늦게 열린 정상회담은 분위기가 그야말로 얼음장 같았다. 세계 최강대국 대통령 아이젠하워는 약소국 대통령을 앞에 두고 화를 꾹꾹 눌러 참으며 한국과 일본의 국교 정상화를 요청했다. "과거 일이 어떻든 간에 한일 두 나라의 국교 정상화는 꼭 필요하다고 봅니다." 이에 이승만은 "분명히 말하건대 제가 살아있는 한 일본과 화해할 일은 없습니다."라고 대꾸했다. 완고하고 고집불통인 한국 대통령에게 화가 난 아이젠하워는 회담장을 박차고 나갔다. 이승만은 그런 아이젠하워 등 뒤로 "저런 고얀 사람이 다 있나!"라며 소리쳤다. 아이젠하워가 마음을 가다듬고 회담장에 들어서자 이번에는 이승만이 프레스클럽 연설 준비를 하겠다며 일어나 퇴장해버렸다.

한국 입장에서 이 회담은 엄청난 원조를 합의 받는 자리였다. 이승만의 옹고집에 회담 기간 내내 끌려 다닌 미국은 한국에 7억 달러 규모의 막대한 원조를 합의해줬고, 이후 1억 달러가 추가되어 이듬해부터 곧바로 집행되었다.

1954년 7월 28일 미국 워싱턴 D.C. 한복판 국회의사당에서 리처드 닉슨 부통령 겸 상원의장과 조지프 마틴 하원의장을 비롯한 의원, 대법원장, 외교사절 등이 일제히 기립해 이승만을 박수로 환영했다. 이승만은 미국 상·하원 합동의회에서 영어 연설을 통해 미국의 정치인들을 비판했다.

이승만은 "자유세계는 공산세계를 타도하려는 용기를 가져야 한다. 그 '자유의 싸움'에서 한국이 선봉을 맡겠다."라고 역설했으며, 공산주의자들의 혁명운동 때문에 온 세계가 거칠어졌으므로 자유세계도 강해지지 못하면 그들의 노예가 될 것이라고 경고했다. 소련 공산주의에 대한 경계를 늦추지 않았던 이승만은 그 날 미국이 중시하지 않았던 '중국'에 대한 경계심을 드러냈다. 향후

전개될 국제정세에 관한 탁월한 통찰력을 다시금 엿볼
수 있는 대목이다.

이승만은 연설 도중에 33번이나 뜨거운 박수를 받았
고, 의원들의 기립박수 속에 퇴장했다. 지금에야 보면 정
확한 예측이었지만, 당시 미국인들에게는 강경하게 들
릴 수도 있는 내용이었다. 어정쩡한 미국의 정치인들을
타박한 그를 가리켜 하원 의장 조셉 마틴은 '미국 국민들
이 경탄해 마지않는 불굴의 자유 전사'라는 평가를 내렸
다. 미국 정부로서는 이렇게 능청스럽고 박력있게 자신
들을 비판하고 당황시키는 약소국 지도자는 처음이었다.

뉴욕시에서는 영웅 행진이라는 카퍼레이드가 열렸
고, 숙소에서 브로드웨이를 거쳐 뉴욕 시청에 이르는 길
에 무려 백만 명의 미국인이 나왔다. 색종이 꽃이 쏟아지
는 풍경은 장대했다. 미국 정가의 정치인들과 거침없이
싸운 작은 나라의 대통령을 미국인들은 환영했고, 이승
만은 손 흔들어 대중들에게 답례했다.

미국과의 인연

이승만은 여느 미국 정치인들보다 공산주의의 폭력성과 잔인성을 먼저 알았고, 반공과 자유주의적 명분을 소중히 여겼다. 그는 미국인들이 자유시장경제의 토대 위에 이룩한 문명을 좋아했다. 한반도를 지정학적으로 둘러싼 소련, 중국, 일본과 달리 미국은 지구 반대편에 있어서 한반도에 대한 '영토적 야심'이 없는 유일한 강대국이었다. 민족주의에 광분해 세계를 두고 싸웠던 종래의 제국들과 달리 미국은 배타적 민족주의가 아닌 시장경제와 자유민주주의에 동의한 사람들의 공동체였다. 이승만은 이들이 성취한 이상을 평생 함께 꿈꾸었다.

미국은 옹고집의 한국 지도자에 당황하면서도 이승만을 좋아했다. 그는 미국 시민들 사이에 대중적 인기가 높았다. 자유주의와 공산주의의 격렬한 대립 한복판에서 굳건한 반공주의의 신념가였던 까닭이 첫째요, 독립운동 시절부터 미국 감리교단과 북장로교와 이어온 기독교적 친분과 인연이 둘째였다. 그 당시 미국의 기독교회 세력은 사실상 가장 강력한 시민사회 조직이었고 이승만은 이들과 연이 깊었다. 이승만은 6·25전쟁 전부터 끊임없이 미국의 교회들에 한국에 대한 지원과 관심을 호소해왔다.

이승만은 조선에 방문했던 선교사들을 잊지 않고 챙겼다. 선교사 헐버트가 청량리 위생병원에 누워있던 때 그를 직접 병문안했고, 그가 사망하자 국장으로 장례를 치렀다. 아펜젤러 선교사의 가족장을 함께 했고, 3·1운동 때 역할을 했던 10여 명의 선교사들에게 일일이 태극훈장을 달아줬다. 이승만과 미국 감리교, 북장로회 등 기독교회 측과의 강력한 연결고리가 미국이 한국을 굳건히 지지할 수 있도록 도왔다. 미국 정치인들이 수시로 흔들리고 정치적 오판을 하는 와중에도 한국을 결코 버릴 수 없도록 압력을 넣고 지지하도록 하는 배경은 미국의 기독교회들이었다. 이승만과 미국의 신앙으로 연결된 굳건한 고리는, 당시 비슷한 처지의 제3세계 국가들이 대부분 공산화되는 와중에, 한국을 공산주의로부터 지켜내는 버팀목이 되었다.

나는 공산주의와 민주주의 간의 투쟁에 있어서는
중립이라는 것이 존재하지 않는다고 봅니다.
어느 쪽이든 한쪽이 이겨야 합니다.
그리고 우리가 자유 문화의 숭고한 표현방법들을
신봉한다면, 우리가 가진 모든 것과 우리 전부를
자유와 정의를 위해 바쳐야 합니다.

〈미국 세계정세협의회(World Affairs Council)에서
행한 오찬 연설 中〉

10

6·25 전후
대한민국을
설계하다

자유민주주의 국가로

전쟁 후의 대한민국은 이전과는 전혀 다른 구성원들로 이루어지게 된다. 전쟁으로 인해 거대한 인구학적, 정치사회학적인 변화가 발생한 것이었다. 6·25전쟁의 결과 남한 내 공산주의적인 성향을 가진 이들은 거의 제거되거나 대부분 대거 북한으로 올라갔다. 반대로 약 백만 명에 이르는 자본주의, 기독교도 성향의 인사들은 남한으로 내려왔다. 한국사회에 새로 자리 잡은 인구는 자유시장경제의 옹호자들이며 근면한 한국인이었다.

평양 등지에서 내려온 기독교도들은 이승만 행정부의 장관급 부서장에서 거의 50%에 육박했다. 이 기독교도들은 주로 기업가이거나 일찍 개화하여 근대적 교육을 받은 지식인, 엘리트들이었다. 북한은 지도자급, 기업가 성향의 근대화된 인물들이 대거 남으로 내려가 버린 정반대의 상황을 마주했다. 6·25전쟁 이후 남한의 경제적 팽창과 북한의 쇠락은 이때부터 이미 예견된 것이었다.

남한과 북한이 수십 년간 각기 자유민주주의와 전체주의, 자유시장경제와 공산주의 이념을 추구한 결과는 현재 대한민국과 북한이 가진 국력, 즉 경제, 문화, 사회적 역량의 차이가 그대로 대변한다.

독도 영유권

이승만 특유의 강단은 한반도 동쪽 끝 작은 섬 독도를 지켰다. **독도 영유권** 문제는 참으로 복잡하고 역사적으로 뿌리 깊은 한일 간 문제였다. 오늘날 독도를 명백히 실효적으로 지배하는 것은 대한민국이다. 일본이 외교력을 동원해 주장해온 독도 영유권 문제를 외교력으로 되받아쳐 꼼짝할 수 없게 만든 이가 바로 이승만이었다.

이승만은 극도의 혼란을 몰고 온 6·25 전란 중에도 일본인 어부들이 독도를 넘나들자 '배타적 분계선'을 선포하고, 이를 어기고 독도 해역에 나타난 일본 측 어선들을 모조리 나포했다. 국민들 대다수가 바다 위에 국경을 긋는다는 개념조차 익숙하지 않았던 시절이었다. 이승만은 해안 60마일 이내 자연자원과 수산물에 대해 우리의 주권 사항이라면서 독도 바깥으로 오늘날 **이승만 라인**으로 불리기도 하는 소위 '평화선'을 그었다.

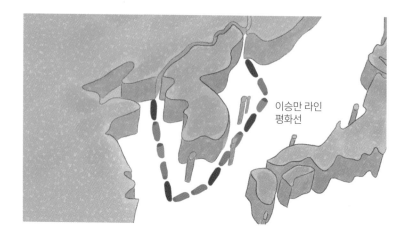

이승만 라인
평화선

　이승만 정부는 이때 나포한 일본 측 선박들을 새로 칠해서 천연덕스럽게 한국 경비정으로 사용하기도 했다. 당시 이승만 정부가 나포한 어선이 328척, 억류한 어부가 근 4천 명에 달했다. 일본 측이 노발대발하며 항의했지만, 이승만은 믿는 구석이 있었다. 6·25 와중에 전쟁 중인 한국과 그 배후기지인 일본의 갈등을 미국이 결국 수습하려 할 것을 예견한 것이다.

　이승만의 예상대로 일본은 이승만의 '평화선'을 규탄하는 집회와 시위를 벌였고, 미국, 영국, 대만 등은 일본의 편에 서서 이승만을 비판하기도 했다. 그러나 이승만은 이미 독도를 장악했고, 외부의 목소리 따위는 상관치 않겠다는 듯 강경했다. 제2차 세계대전의 전범국인 일본이 이런 문제로 한국에 도발해올 수 없을 것이라는 예상도 있었고, 이 역시 적중했다. 한반도 동쪽 끝 외딴 섬인 독도에 관한 이승만의 대응 전략과 과단성 있는 실행력에 힘입어 한국 정부는 지금껏 독도를 실효적으로 지배하고 있다. 전시 상황에 아랑곳없이 미래를 내다보는 통찰력과 냉철한 국제정세 판단에 기초한 외교적 결정이 국익과 국가 장래에 결정적 영향을 미친 사례라고 평가할 수밖에 없다.

이승만 집권기 내내 한일 관계는 최악의 상태였다. 미국은 한국을 경제적으로 성장시켜 중국, 소련 등 낡은 대륙 문명과 맞설 수 있는 해양 국가로 일으키고자 했다. 이러한 미국의 구상에는 일본이 포함되어 있었다. 한국은 언젠가 미국과 더불어 일본을 아우르는 해양 문명의 일부로 역할을 해야 했다. 그러나 식민지 지배의 고통을 불과 수년 전 겪은 한국인, 한평생 독립운동에 몸을 바쳐왔던 이승만이 일본과 화해하는 것은 불가능에 가까웠다. 이승만이 평화선을 일방적으로 그은 것도 일본 입장에서는 외교적 기습에 가까웠다. 이처럼 일본과의 관계

개선과 경제, 사회적 친교를 회복하는 것은 지난한 시간이 걸리는 일이었다. 식민지배의 상처를 회복하지 못한 한국인들이 일본을 용서하고 받아들이는 데에는 더 많은 세월이 소요되었다.

미래를 내다보는 원자력의 시작

6·25전쟁으로 인해 국민들 사이에 형성된 강력한 반공주의 정서를 배경으로 이승만은 그가 꿈꾸던 한국의 이상理想을 하나둘 실현시켜 나갔다. 이승만 행정부는 1954년부터 6개년 계획을 세워 96%의 어린이를 취학시키겠다는 '의무교육' 방침을 세웠다. 이 방침은 전쟁 중에도 단절되지 않고 지속 되었다. 세계사에 유례가 없는 전시 연합대학을 운영해 전후의 기간 인력이 될 인재들을 배출했다. 이승만이 육성하고자 했던 인재들은 주로 산업사회의 기간 인력이 될 물리학, 화학, 원자력 등 이공학 계통이었다.

완연한 노인이 된 이승만은 미래를 예측하는 통찰력으로 또 한 번의 무모한 도전을 했다. 그 어떤 개발도상국 지도자도 꿈꾸지 못한 원자력에 관심을 갖고 지원을 하기 시작했다. 당시 이승만은 전기 부족으로 산업화가 어려운 상황에서 돌파구를 찾고자 했다. 당시 거의 유일한 전력생산 방법이었던 화력발전은 연료원인 석탄이 북한 지역에 몰려있어 자립이 어려운 상황이었다. 게다가 소련군정은 1948년 5월, 남한의 전기를 일시에 끊어버렸다. 그 충격은 엄청난 것이었다. 몇 개 없던 남한의 공장들이 대부분 멈춰야만 했고, 삼면이 바다인 38선 이남은 어디서도 전기를 공급받을 방도가 없었다.

북한의 단전으로 당시 미국이 지원한 발전선發電船을 인천에 정박시켜 두고 여기에서 전기를 끌어와 겨우 수도권 일부 지역에 전기를 공급할 수 있었다. 이승만에게 '전기 자립'은 최대의 국정 목표가 되었다. 이즈음 1953년 미국 아이젠하워 대통령의 UN 총회 연설은 대단한 자극을 주는 것이었다. '평화를 위한 원자력(Atoms for Peace)'이란 제목의 이 연설은 "인간이 갖고 있는 위대한 창의력을 죽음이 아닌 삶을 창조하는 물질을 만드는 데 바치자."라는 내용이었다. 전 세계의 산업 문명화를 향한 약속이자 비전을 보여주는 선언이었다. 이승만은 즉각 미국 전력산업의 거물인 **워커 시슬러**Walker Lee Cisler 박사를 초청했다. 시슬러는 이승만과 첫 회동 때 작은 우라늄 광물을 품에서 꺼내 보여줬다. "이 광물 1g 으로 석탄 3t의 에너지를 낼 수 있습니다." 이 때부터 한 국은 에너지 자립을 향한 첫 걸음으로 내딛는다. 이승만 은 1956년 정부 조직으로서 '원자력과'를 처음으로 신 설했다.

한미 원자력협정도 체결했고, 국회는 이러한 행보에
발맞추어 1958년 원자력법을 제정했으며, 같은 해 원
자력원과 원자력연구소가 세워졌다. 이러한 과정에 시
슬러 박사의 전폭적 지원이 있었다. 1958년 한양대에,
1959년 서울대에 원자력공학과가 문을 열었다. 한국 정
부는 미국 원조금 35만 달러에 정부 자금을 보탠 73만
달러의 거금을 들여 시험용 원자로 설치에 돌입했다. 이
원자로는 1962년 첫 가동을 시작했고 1980년의 독자적
경수로輕水爐를 개발하는 밑거름이 되었다.

이승만과 시슬러는 당시 이 정도 속도라면 20년 뒤
원전 개발이 가능할 것으로 보았다. 당시 팔순에 이른 이
승만의 나이를 생각하면, 당장 활용하거나 빛을 볼 수 있
을지도 모르는 무언가를 위하여 20년 앞을 예측하고 장
기 계획을 세우기란 여간 어려운 일이 아니다. 더욱이 그
당시 한국은 1인당 GDP가 70달러인 세계 최빈국이었
다. 당장 먹을 쌀이 없는데 원자력 발전에 수십만 달러를
투자한다는 것은 허황된 목표라 여기는 사람도 많았다.
그러나 이승만 정부의 의지는 확고했고, 시슬러가 제안
한 50명보다 훨씬 많은 237명의 학생을 뽑아 미국으로

유학을 보냈다. 無무의 상태에서 이승만은 예측하고, 실행했고, 이후 세대들의 계속된 노력이 이어져 20년 뒤인 1977년 대한민국의 첫 원전인 고리 원전 1호기의 시운전이 시작됐다. 이러한 노력의 결과 도시와 시골을 막론하고 전국 어디에나 전기가 들어올 수 있었다.

후일 2010년 한국이 47조원 규모의 아랍에미리트 원자력발전소 사업을 따냈던 기념비적 순간, 과학기술부 장관을 지냈던 응용물리학자 정근모는 다음과 같은 말로 이승만을 기렸다. "이승만이 없었다면 원전 수출을 꿈꾸는 것은 불가능했습니다."

실제로 원자력발전이 오늘날 세계 10위권의 경제대국 대한민국을 만드는 데 혁혁한 공을 세웠다. 에너지 효율이 높고 단가가 더 저렴한 요금 덕분에 우리가 가정에서 선진국보다도 더 싼 요금으로 전기를 쓸 수 있었고, 낮은 전기요금은 산업경쟁력을 높여주었기 때문이다. 김일성이 핵무기에 집착할 때, 이승만은 국가 미래산업의 근간이 되는 원자력발전을 고민했다. **한미동맹**이라는 우산이 있기에 집중할 수 있고 가능했던 선택이었다.

이승만의 농지개혁, 전무후무한 성취

신생 대한민국은 가난한 농업국가였다. 국가총생산의 대부분은 당연 한국인의 주식인 쌀이었다. 이 가난한 나라의 농업인들은 당시 1년에 대략 쌀 1,500만 석 정도를 생산했다. 지주들이 수입의 대부분을 가져갔고 대지주들이 지닌 농지가 250만 평에 이르렀는데 대부분의 국민들이 가난한 소작농으로서 지주를 위해 농사해주고 있었다. 중세 유럽의 농노와 거의 비슷한 처지였다. 해방 당시 농민이 전체 노동자 중 80%에 이르렀고 그 가운데 24%는 반半소작농, 52%는 땅이 아예 없는 순소작농이었다. 이승만 정부로서는 가장 시급한 과제가 농민을 구제하는 것이었다.

사실 제2차 세계대전 이후 독립한 당대의 거의 모든 나라들은 영세한 농업 국가들이었고, 지배계층은 대부분 대토지를 보유한 대농장주들이었다. 한국도 국회의원 상당수가 대토지를 소유한 지주들이었다. 북한 등 공산국가라면 총칼로 협박하여 농장주들의 소유를 강탈하는 방법을 택하겠지만, 이승만은 새로운 방법을 위해 고심했다. 그는 미국이 노예를 해방해서 민주적인 산업국가로 발전했던 모델을 한국에 이식하고 싶었다. 지주 제도를 없애고 소작농을 자기 땅을 경작할 반듯한 자작 농민으로 일으켜 세우고, 한편으로 한국의 주력산업을 농업에서 공업으로 전환할 생각이었다. 전후 독립한 수많은 나라들 중 한국만이 거의 유일하게 농지개혁에 성공하였다. 오늘날과 같은 첨단 산업국가로 발돋움한 계기가 이때 마련된 것이다.

이승만은 자신을 지지해준 대지주들의 기대를 뿌리치고 그들의 이권을 양보하도록 설득했다. 주로 대지주이며 지식인들로 구성된 한국민주당(한민당) 세력은 이승만을 지지해 대통령으로 추대했지만, 이승만은 이들의 양보를 강도 높게 요구했다. 그는 결국 1950년 3월 **농지개혁** 법안을 공포하기에 이른다. 한국사회에서 대지주 제도를 공식적으로 없애는 획기적인 농지개혁이었다.

이승만 정부는 설득과 압박을 통해 농지를 저가로 농민들에게 배분했다. 대지주의 농지를 유상으로 몰수했고 소작농들에게 장기 저리로 유상 분배했다(유상몰수 유상분배). 소작농들은 생애 처음으로 자기 땅에서 자신을 위한 농사를 짓는 환희를 느꼈다. 농지를 잃은 지주들은 대신 일본인들이 남긴 공장을 받았다. 농지는 농사를 짓는 자들이 갖도록 하는 소위 경자유전耕者有田의 대원칙이 세워졌다. 이 원칙은 각 계층 모두에 이득이 되는 체제였다. 농민은 자신의 농토를 가꾸며 생업에 종사할 수 있었고 소작농으로 추락하지 않게 되었다. 이승만 정부의 농지개혁의 성과로 꼽히는 것은 자기 농지를 가진 농민층(자작농)의 탄생이었고, 지켜야 할 재산이 생긴 농민들은 든든한 자본주의의 토대를 이루었다.

개혁의 성공은 숫자로 증명되었다. 해방 직후 순수 자작농이 14%에 불과했는데, 농지개혁 후 자작농 비율이 80% 이상으로 급증했다.

이승만 정부에 대하여 대개 도시 중산층은 비판적이었으며 반대로 농촌지역은 우호적이었다. 농지개혁으로 혜택을 입은 농민들이 다수였기 때문이다. 훗날 박정희 정부의 경제개발이 성공에 이른 것은 이승만 정부의 농지개혁으로 대지주가 사라져 도로건설과 공단 개발을 위한 토지 사용이 보다 자유로워졌기 때문인 이유도 있다. 전후 대부분의 독립국들은 농지개혁에 실패하였던 까닭에 근대화와 산업화에 모두 실패하였다. 낡고 가난했던 한국의 운명을 바꾼, 또 하나의 중차대한 선택이었고, 놀라운 선견지명이었다.

반면, 공산주의를 표방한 북한은 농지개혁과 관련하여 이승만의 그것과 현저히 다른 모델을 선택했다. 즉 북한은 지주들에게서 강제로 땅을 빼앗았고 무상으로 분배(무상몰수 무상분배)했다. 국가가 토지를 전부 몰수하되 농민들에게는 경작권만을 나눠주었다. 나중에는 개별 경작권마저도 빼앗아 국가의 공동농장으로 만들었다. 땅을 빼앗긴 지식인과 지주들은 6·25전쟁을 전후로 대거 한국으로 탈출했고, 북한은 사회를 관리할 엘리트가 사라진 나라가 되어버렸다. 북한의 절대 다수 농민들은 순식간에 중세 유럽의 농노와 다를 바 없는 신세로 몰락해버렸다.

이승만 대통령은 공산주의의 확대를 막기 위해서라도 토지개혁을 서둘러야 한다고 강조했고, 6·25전쟁이 발발하기 직전까지 토지개혁을 완수했다. 북한이 기습적인 침략을 통해 일시적으로 서울을 비롯한 한반도 대부분을 점령한 상황에서 무상몰수 무상분배를 내용으로 하는 토지개혁을 선전하였음에도, 농민들이 현혹되지 않고 자신의 땅을 지키듯 대한민국을 지키게 된 것도 이승만의 농지개혁에 힘입은 바가 컸다. 대다수의 소작농을 자작농으로 만든 업적과 별개로, 전통적인 지주들을 기업가(산업자본가)로 전환시키지 못했던 점이 농지개혁의 한계로 지적되곤 한다. 그러나 전통적인 가치와 계급, 신분 관계를 벗어나 정주영(鄭周永, 전 현대그룹 회장) 등 새로운 기업가가 탄생하는 데 기여했다는 것도 농지개혁의 또 다른 성과로 평가된다.

기초를 닦아 나가다

12년에 걸친 집권 과정에서 이승만이 이루어낸 모든 일이 긍정적인 평가를 받고 있지는 않다. 그러나 이승만은 무無에서 현재의 대한민국의 모습이 될 수 있는 기반을 만들어 놓았음은 명백한 사실이다. 자유민주주의를 이상으로 삼은 이승만은 1952년 1차 개헌으로 직선제를, 1954년 2차 개헌으로 국무총리제를 폐지함으로써 한국을 동아시아에서 유일하게 '미국식 대통령제'를 도입한 국가로 만들었다.

자신의 전 생애를 통해 교육의 중요성과 인재 육성의 중요성을 누구보다 절감한 이승만은 교육 예산을 국가 예산의 약 20% 정도로 유지하며 교육 인프라를 구축해 나갔다. 6·25 전쟁 이후 의무교육을 실시해 초등학교가 2,800개에서 4,600개로 늘어났다. 1945년 80%가 넘던 13세 이상 문맹률이 1959년에 가서는 15~20%까지 낮아졌으며, 초등학교 취학률은 1946년 53.4%에서 1958년에는 95.2%에 이르며 오늘날 '초등 의무교육의 기초'를 만들었다. 중학교는 10배, 고등학교는 3.1배, 대학교는 12배로 늘어나며 우수한 인적 자원을 길러냈다. 매년 평균 600명 이상의 인재들을 1인당 6천 달러를 들여 국비유학을 보냈고 이들은 대한민국의 발전과 선진화를 이룬 핵심 인력이 되었다. 이승만이 설계하던 한국의 미래상에 교육은 가장 시급한 최우선 과제였다. 당시 북한은 사회의 두뇌 역할을 하는 엘리트 계급을 무참히 숙청했고 내쫓았다. 남아있는 기업가들, 자유주의적 엘리트들마저 전쟁 와중에 약 백만 명 가까이 월남해버렸다. 그들은 일체의 엘리트들을 사실상 내쫓아서 짧은 시간 사이 거대한 지식의 공백 상태에 처했다.

이승만은 충주비료공장과 문경시멘트공장, 인천판유리공장을 준공하여, '중화학공업 발전'의 토대를 마련했다. 당시에는 중공업과 금속 공업 등은 북한이 월등하게 앞서고, 남한에는 방직공업만이 명맥을 유지하고 있었다. 이승만은 국내 산업시설의 기반을 닦아 이후 산업화가 가능할 수 있도록 했다. 실용주의 정신에 입각해 산업화의 중요성을 알고 있던 이승만은 산업화를 이끌어갈 공학 인재들을 기르고자 대통령 발의로 '인하공과대학'을 설립했다.

또한 이승만은 1949년 '관공서의 공휴일에 관한 건'을 제정하며 **식목일**을 공휴일로 처음 지정하고 녹지화의 중요성을 강조했다. 같은 시기 북한은 농지확충 명목으로 울창한 산을 파헤치기 시작했다. 훗날 세계식량농업기구FAO는 일제 침략기 자연 파괴와 6·25 후 사회 혼란을 극복하고 푸르른 산림을 가꾼 한국의 성공에 주목했다.

우리 민족이 난관에 처해있는 것은 사실입니다.
그러나 우리 국민은 울면서 도움을 갈구하지 않습니다.
우리 국민은 눈물을 감추고 조용한 결의와 용감한 미소로
기아와 파괴를 이겨내는 싸움을 시작했습니다.
우리는 구걸하지 않으며, 앞으로도 구걸하지 않을 것입니다.

〈1954년 8월 2일 한미재단 만찬회 中〉

우리 모두가 더 많이 일하고,
더 적게 먹으며, 정말로 긴요한 생활필수품 이외에는
가진 것이 없더라도 참고 살아야 합니다.
우리는 지금 우리 후손들에게 더 나은 삶을 마련하기 위해
나라의 미래를 건설하고 있습니다.

〈이승만 대통령, 정치고문 로버트 올리버의 회고 中〉

11

해 저물어
날 어두우니

3·15 부정선거와 4·19

이승만 대통령이 집권하고 있던 1960년 3월 15일 노골적인 부정선거가 발생했다. 당시 부통령 후보였던 이기붕을 당선시키기 위한 자유당의 부정 행위가 심각하게 자행된 것이다. 불법과 부정을 두고 지식인, 학생, 시민들이 대거 목소리를 높였고, **4·19 혁명**이라 불리는 역사적 사건으로 전개되었다. 아무리 전란이 막 끝난 혼란기였다지만, 대리투표를 하고 국민들끼리 투표 여부를 감시하는 등의 비리에 4·19 혁명이 발생했다. 4·19는 시민과 학생들의 혁명이었다. 마산에서 시위하던 고교생 김주열 군이 눈에 최루탄이 박힌 참혹한 시체로 발견된 일이 촉매제가 되었다. 부패한 경찰과 자유당 정권, 무엇보다 대통령 이승만의 정치적 책임을 묻는 여론이 들끓었다.

이승만은 비록 야당 정치인, 공산주의자들과 끊임없이 대립했지만 국민들만은 자신의 든든한 우군이라 믿어 왔다. 그러나 전쟁과 위기가 지나간 평화의 시대를 사는 국민들은 새로움을 원했다. 집권세력의 부패에 지치고 권력투쟁에 환멸을 느꼈다. 미국 역시 이승만의 굽힐 줄 모르는 반공 노선을 칭송하면서도 그의 완고한 스타일에 불만이 가득했다. 미국은 이승만을 권좌에서 몰아내고 **장면**張勉과 같은 온건파 정치인을 지지할 심산이 있었다. 가장 큰 문제는 고령의 이승만을 능가해 사실상 실권을 휘두르던 이기붕의 권력욕이었다. 모두가 85세에 이른 고령의 이승만이 임기를 채우지 못할 것으로 예상했다. 부통령 당선을 기대한 이기붕은 내심 이승만의 사망으로 대통령직을 승계할 것을 대비했다. 따라서 그 당시 선거의 최대 관심사는 누가 부통령이 되는가였다.

집권 자유당은 부통령 이기붕의 당선을 위하여 사전투표, 유령투표, 반공개투표, 투표함 바꿔치기 등 광범위한 선거 부정을 저질렀다.

자유당과 내각의 침묵과 은폐 속에 고령의 이승만은 세상이 어떻게 흘러가는지 알아채지 못하고 있었다. 이승만은 집무실 안에서 세상을 보고 있었지만, 길 위의 민심들은 빠르게 그를 떠나고 있었다. 임기 최후의 순간 이승만은 국민들과 소통을 거의 하지 못했다.

노년의 그는 확실히 젊은 날의 총명을 잃고 있었다. 무엇보다 이기붕의 욕망을 제어하지 못하고 방치했던 책임이 컸다. 이기붕과 자유당은 부통령 선거를 거대한 비리 판으로 만든 4·19의 실질적 책임자였다. 이승만은 지난날 우군이었던 한국인들과 미국으로부터 멀어지고 고립되어갔다.

인생의 어쩔 수 없는 한계인 것일까. 세상의 흐름을 예민하게 읽으며 대한민국의 수많은 처음을 만들어온 이승만은 자신의 물러날 적시를 놓치고 말았는지 모른다. "부정선거 다시 하자!"라며 들끓는 학생 시위대들에게 경찰의 발포가 있었고 4월 19일 민주주의 혁명의 날로 기록된 이 날, 180명 이상이 사망하는 참사가 발생했다.

이승만은 참사가 벌어진 지 무려 1주일이나 지난 4월 26일에서야 유혈 사태가 일어났음을 알았다. 측근들의 감언이설만 듣고 상황을 오판하는 '인의 장막'에 놓였던 것이다. 이승만은 한참이나 지나서야 유혈 사태가 심상치 않음을 알았다.

정부는 뒤늦게 선거를 다시 하겠다고 발표했고 계엄령이 선포되었다. 군대는 평화적 시위를 보장한다며 시위대에 호응했다. 군용 차량에 올라탄 시위대도 있었다. 대학교수들까지 학생을 지지하는 시위를 벌였다. 국민의 마음은 이미 이승만 행정부와 자유당을 떠나있었다.

하야하는 초대 대통령

이승만은 사태가 발생하고 일주일이나 지나서야 병원을 찾았다. 피범벅이 된 학생들의 처참한 상태를 보며 그의 몸이 가늘게 떨리고 이내 휘청거렸다. "우리 학생들이 왜 이렇게 되었는가. 부정을 왜 했는가. 부정을 보고 일어서지 않는 백성은 죽은 백성이지. 이 젊은이는 참으로 장하다."라고 토로했다. 이때 그는 이미 결심을 내리고 있었다. 사태를 보고받은 이틀만의 결심이었다. "국민이 원한다면 대통령직에서 하야하겠습니다." 4월 27일 이승만은 국회에 사임서를 제출하고 동시에 성명을 발표했다. 이 소식을 전해 들은 이기붕 일가족은 권총으로 자살했다.

이승만은 이날 대통령으로서 국방장관에게 마지막 상황 보고를 받았다. "그래. 오늘은 한 사람도 다치게 해서는 안 되네. 내가 그만두면 한 사람도 안 다치겠지?" 관리들은 차마 고개를 들지 못했다. 국방장관 김정렬은 흐느끼고 있었다. 이승만은 낮게 말을 이었다. "그래. 그렇게 하지. 속히 사람들에게 다음과 같이 알리게." 그는 시위에 나선 학생과 시민들을 단 한 번도 비난하지 않았다.

어느새 늙고 지쳐버린 건국의 아버지 이승만의 마지막 성명문은 다음과 같았다.

"저는 해방 후 본국에 돌아와 우리 여러 애국 애족하는 동포들과 더불어 잘 지내왔습니다. 이제는 세상을 떠나도 한이 없으나 나는 무엇이든지 국민이 원하는 것만 알면 민의를 따라서 하고자 한 것이며 또 그렇게 하기를 원합니다. 사랑하는 우리 청소년들을 위시하여 우리 동포들이 내게 몇 가지 결심을 요구하고 있습니다. 여기에 대해서 내가 아래 말하는 바를 할 것입니다. 한 가지 내가 부탁하고자 하는 바는 이북에서 우리를 침략하고 공산군이 호시탐탐 날을 기다리고 있음을 명심하고 그들에게 기회를 주지 말도록 힘써 주기를 바랍니다. 첫째는 국민이 원하는 대로 대통령직을 사임하겠습니다. 둘째는 지난번 정부의 공영선거를 많은 부정이 있었다 하니 선거를 다시 하도록 지시하였습니다. 나의 이 뜻을 곧 사랑하는 모든 동포들이 양해해주어 이제부터는 다 각기 자기 맡은 바를 해나가며 질서를 회복하도록 다 힘써주기를, 내 사랑하는 남녀 동포들이여. 간곡히 부탁합니다."

서늘하고 슬픈 내리막이었다. 고독하고 진실한 마지막이었다. 관리들이 안전을 우려해 만류했으나, 이승만은 걸어서 자택인 이화장까지 갔다. 걷는 내내 쓸쓸하고 말이 없었다. 이승만이 돌아가는 길 양옆에는 수많은 백의의 사람들이 줄지어 섰다. 물러설 순간을 놓친 노인의 회한 많은 퇴임 길을 국민들이 양손 모아 지켜봤다.

혼란, 또 혼란

전쟁으로 다져진 반공의 기치와 자유민주주의의 이상 밑에 뭉쳐있던 국민들을 통합할 리더십이 실종되자 혼란의 시기가 도래했다. 아직 미숙했던 민주주의의 토양에 어두운 그림자가 드리워져 있었다. 여당이었던 자유당의 붕괴 후 압도적 지지와 기대 속에 민주당이 집권하였지만, 새로운 정부는 구파와 신파의 첨예한 갈등과 국민의 기대를 채워주지 못하는 지지부진한 개혁으로 국민을 만족시키지 못했다. 민주당이 집권한 아홉 달은 도무지 손 쓸 수 없는 혼란으로 엉겨 붙어 있었다.

　민주당뿐만 아니라 사회주의 성향의 사회대중당, 한국사회당 등 정당들이 대거 국회 의석을 점유했다. 부패한 정부를 무너뜨렸다는 자부심에 취한 상당수 국민들과 학생들은 유독 맹렬하고 과격했다. 동맹 휴학이 줄을 잇고 시위가 전국으로 확산됐다. 심지어 경찰들도 시위를 하고 초등학생들까지 시위를 했다. 모두가 제 목소리를 높이며 각자의 필요를 외쳐댔다. 장면 총리 예하 민주당 정부는 인기영합적인 여러 약속과 정책을 남발했다. 사회주의 계열 의원들의 압력에 못 이겨 3만 명이나 군인을 줄이기로 약속했다. 여차하면 북한이 2차 한국전쟁을 일으켜도 되겠다고 착각할 수 있는 조치였다. 또한 환율을 함부로 건드렸다가 엄청난 물가 상승을 불러일으켰다. 궁지에 몰린 민주당 정부는 일본 자본을 끌어오려 했지만, 이번에는 국민들의 반일 감정까지 건드려 유야무야되기도 했다.

　혁명의 소산으로 탄생한 민주당 정부였지만 혁명 아닌 실질적 국정을 담당하기에는 취약하기 그지없었다. 민주당 정부 내 신파와 구파의 갈등으로 단 9개월 사이

세 번이나 내각이 바뀌는 극심한 혼란이 지속되었다. 이승만을 하야시킨 한국의 학생운동과 지식인 운동은 이제는 자유민주주의와 자유시장경제의 밖으로 나가려 했다. 불과 몇 년 전의 처참한 전쟁과 가난을 잊어버렸는지, 김일성의 공산 정부에게 몇 년 전까지 모진 고통을 당했던 한국인들 사이에 "외세를 배격하자", "남북 중립으로 통일하자"라는 이야기가 거리낌 없이 흘러나왔다. 남북대학생 회담을 하자는 주장과 "가자 북으로 오라 남으로!" 구호가 등장하기도 했다.

다시 하와이로

이승만과 프란체스카는 고국의 혼란을 뒤로하고 조용히 하와이로 향했다. 그의 평생 벗들과 기댈 수 있는 지지자들이 있는 땅이었다. 새로 들어서는 정부의 관계자들이 그가 국내에 있는 것을 불편해한다는 말을 듣고 내린 결심이었다. 처음 출발할 때는 길어야 한 달쯤 될 여정으로 여겼다. 이승만 부부는 간단한 옷가지만을 챙겨 떠났다. 애초 가진 재산이 없어서 옷가지 외에는 짐이

랄 것도 없는 행색이었다.

그러나 결국 노부부에게 이 여행길은 영원한 망명의 길이 되고야 말았다. 그 길은 돌아올 길 없는 편도의 여정임을 이승만은 깨닫지 못하고 있었다.

1960년 5월 29일 옷가방만 손에 쥔 이승만 부부를 호놀룰루의 교포들이 맞이했다. 어느 하와이 교민이 팔려고 부동산에 내놓은 방 두 칸짜리 작은 목조주택으로 거처를 정했다. 더운 나라임에도 이승만은 망명 생활 동안 두터운 홑이불을 뒤집어쓰고 있거나 삐걱대는 의자에 몸을 구부려 앉아있었다. 노령의 이승만은 혈압이 높았기에, 그의 건강을 흔들만한 고국의 사정은 그 누구도

알리지 않았다. 병원 담당의가 비행기를 탈 수 있는 날이 얼마 안 남았다고 진단하자, 이승만은 더욱 절박하게 귀국을 원했다. 이승만은 생애 마지막은 고국에서 하고 싶었다. 1962년 3월 17일 사람들의 만류를 물리치고 이승만은 억지로 귀국 짐을 쌌다. 그가 귀국할 것이라는 소식에 하와이 교민들이 작별인사를 하러 몰려왔다.

그러나 출발 직전, 하와이 총영사가 그에게 입국이 불가함을 알렸다. 새로 들어선 박정희 정부가 그의 귀국을 허용하지 않았다는 소식이었다. 이승만은 들고 있던 짐가방을 바닥에 떨어뜨렸다. 극심한 충격을 받은 듯했다. 이 날을 기점으로 이승만은 다시는 스스로 걷지 못하게 되었다. 한국인들, 그리고 새로 들어선 군사정부, 국회의원들까지 그 누구도 자신의 귀국을 달가워하지 않는다는 생각에 사로잡히자, 평생을 대한민국을 위해 살아왔다 자부한 이승만은 삶을 비관했다. 이후 박정희 대통령은 1962년 11월 중앙정보부장이던 김종필金鍾泌을 하와이로 보내 이승만이 고국으로 돌아올 수 있도록 추진하기도 했다. 그러나 그 때는 이승만의 병세가 악화되어 더 이상 비행기를 탈 수 없었다.

영원한 안식으로

이승만을 보좌했던 최백렬崔伯烈은 후일 이 시절 이승만이 침상에 누워서 했던 말을 회고했다. 이승만은 돌아가신 아버지 이야기를 유난히 많이 했다고 한다. 해외 독립운동을 한다며 곳곳을 떠돌며 마지막을 함께 하지 못했던 일과, 며느리와 손주도 보여드리지 못했던 일을 유독 자책했다. 하와이 교민들은 한국 정부의 매정한 처사에 분노했다. 특히 이승만과 독립운동을 함께 했던 나이 든 교민들일수록 서러움이 더했다. 얼마 후 이승만은 요양원으로 거처를 옮겼다. 돈 없는 노부부의 사정을 딱하게 여긴 요양원 측이 그를 무료로 모시기로 했다.

1920년 말 이승만이 상해로 밀입국할 때 중국인 시체를 넣은 관을 만들어 그를 숨겼던 미국 친구 보스윅도 수시로 그를 도왔다. 아내 프란체스카는 간호보조원 자격으로 요양원 노동자들 숙소에 머물렀다.

나라의 영부인이었던 그녀가 외국 일꾼들의 공동숙소에서 자고 먹었다. 그녀는 정성을 다해 이승만을 간병했다. 아침부터 저녁까지 이승만의 옆에 달라붙어 성경을 찬찬히 읽어주었다. 찬송가를 부를 때는 꼭 곁에서 마비된 손발을 주물렀다.

생활비가 없는 노인 부부를 위해 프란체스카의 오스트리아 친정에서 매달 용돈을 보내 주었다.

하와이행 4년 만에 이승만은 위출혈을 일으켰다. 펌프를 입 안에 꽂아 삶을 연명했다. 프란체스카가 가끔씩 우유를 호스에 넣어주었다. 의사는 환자의 마지막을 준비하자고 말했다. 1965년 7월 18일. 이승만의 마지막 하루가 그렇게 흘러갔다. 아내 프란체스카와 최후의 비서였던 최백렬이 병실을 지켰다. 이승만 부부의 양자였던 **이인수**李仁秀가 서울에서 급히 날아와 마지막 순간을 곁에서 지켰다. 병실 밖에는 이승만 부부를 위해 방 한 칸을 내주었던 교포 최씨, 그리고 조선일보사 통신원 차지수가 있었다. 7월 19일 0시 35분. 이승만은 숨을 거뒀다. 독립운동으로 새 나라를 얻었고 대륙의 공산주의에 맞서 자유민주주의로 국가의 새 나아갈 길을 규정했으며, 공산세력의 침략전쟁으로부터 나라를 지켜낸 한 인생이 저무는 순간이었다. 한 세기를 힘들게 투쟁한 이승만은 영원한 안식으로 걸어 들어갔다.

고인은 그가 해외 독립운동의 본산으로 세운 한인기독학교 안에 안치되었다. 친구 보스윅이 노구를 이끌고 관을 쾅쾅 두드리며 울었다. "내가 자네를 안다네! 내가 자네를 알아! 자네가 얼마나 조국을 사랑하고 있는지 자네가 얼마나 억울한지를 내가 잘 안다네! 친구여! 그것 때문에 자네가 얼마나 고생을 해 왔는지, 바로 그 때문에 그리 비난받고 살아온 것을 나는 잘 안다네! 친구여."

마지막 가는 길

하와이의 모든 방송 매체가 그를 애도했다. 운구 행렬을 따르며 프란체스카는 두 번이나 졸도했다. 이승만은 죽어서야 고국길을 승낙 받았다. 공군 기지에서는 미군 의장대가 사열하며 조포를 발사했다. 이승만을 평생 존경했던 밴 플리트 장군 예하 16명의 장성들이 그의 운구와 함께 한국행 비행기에 올라탔다. 7월 23일 김포공항에 도착한 이승만의 운구는 대학로 이화장으로 옮겨졌다. 배재고등학교 학생들이 짊어진 운구가 이승만이 다녔던 정동제일교회로 옮겨졌다.

거리는 이승만을 향해 통곡하는 사람들로 가득찼고, 차량 운행이 불가능했다. 이승만을 배척했던 새 정부의 젊은 정치인들이 뒤늦게 그를 애도했다. 총리 정일권은 대통령의 조사를 대독하며 말년의 이승만을 멀리했음을 사죄했다. "... 여러 가지 사정으로 말미암아, 박사로 하여금 그토록 오매불망하시던 고국 땅에서 임종하실 수 있는 최선의 기회를 드리지 못하고, 이역의 쓸쓸한 바닷가에서 고독히 최후를 마치게 한 것을 마음 아프게 생각

합니다."

　인산인해의 사람들 때문에 예정보다 한참 늦은 시간
에 이승만의 유해가 동작동에 닿았다. 오후 5시경 국립
묘지에 마련된 작은 흙 밭에 그의 유해가 내려졌다. 서편
하늘에 노을이 붉고 깊은 색으로 지평선 밑으로 내려앉
고 있었다. 숙명여고 학생들이 노을을 등지고 망자를 위
해 노래했다. 조용한 찬송가 소리였다.

"해 저물어 날 이미 어두우니 구주여 함께 하소서. 내 친구 날 위로 못할 때 날 돕는 주여 함께 하소서. 내 사는 날이 속히 지나고 이 세상 영광 빨리 지나네... 이 육신 쇠해 눈을 감을 때... 내 모든 슬픔 위로하시고 생명의 주여 함께 하소서."

장례가 끝났을 때 동작동 서편의 노을은 서럽고 깊은 자색으로 물들었다. 젊은 날 이승만이 눈시울 붉혔던 하와이 바닷가에 무성하였던 히비스커스 나무의 붉은 꽃과 닮은 채색이었다.

"이제 저의 천명이 다하여 감에 아버지께서
저에게 주셨던 사명을 감당치 못하겠나이다.
몸과 마음이 너무 늙어 버렸습니다.
바라옵건데,
우리 민족의 앞날에 주님의 은총과
축복이 함께 하시옵소서.
우리 민족을 오직 주님께 맡기고 가겠습니다.
우리 민족이 굳세게 서서 국방에서나 경제에서나
다시는 종의 멍에를 메지 않게 하여 주시옵소서."
-이승만 대통령의 기도-

그리스도께서 우리를 자유롭게 하려고 자유를 주셨으니
그러므로 굳게 서서 다시는 종의 멍에를 메지 말라
(갈라디아서5:1)

기억해야 할 호국의 벗들

6·25는 치열한 전쟁이었기에 전장 군인들의 무공이 컸다.
엄혹했던 시절을 최전선에서 싸우며 희생한 이들 덕에
우리는 현재를 살아가고 있다. 가장 치열했던 당대를 살아낸
6·25 영웅들의 이야기를 해보고자 한다.

더글라스 맥아더
(Douglas MacArthur)
노병은 사라지고

맥아더(Douglas MacArthur, 1880~1964)는 정점에 선 인물이자 빼어난 천재였다. 그는 두 차례의 세계대전에서 군인으로 얻을 영광은 다 얻었던 인물이다. 제1차 세계대전에 참전해 겨우 38세의 나이에 장군이 되었다. 제2차세계대전, 6·25를 거치며 최연소 육군 소장, 최연소 육군사관학교 교장, 최연소 육군참모총장, 최연소 육군 원수를 지냈다. 미 국방부 역사에서 '최연소'라는 수식을 달만한 뭇 기록은 그가 다 갈아치웠다. 훈장 23개. 전후에는 필리핀 육군 원수, 일본의 총 지도자를 겸하기까지했다.

맥아더가 최연소 장군으로 맡은 미 42사단은 굉장히 독특한 부대였고 다루기가 쉽지 않았다. 미국 여러 주에서 차출되어 인종적 배경이 천차만별인, 그래서 '레인보

우 사단'이라 불렸던 이 부대를 그는 놀랍도록 완벽하게 조련했다. 맥아더는 이질적인 병사들을 하나의 목표 아래 조직화해 내는 데 성공했다.

워낙 압도적 인물이었던지라 그의 강력한 지도성 문제에 관해서는 일화들이 많다. 특히 일본을 무너뜨린 후 일본 주둔군 사령관이 되어 일본을 실질적으로 통치했던 시절의 사연은 놀랍다. 맥아더는 일본을 점령하고서 다분히 의도적으로 신격화된 천황을 깎아내렸다. 장신인 그가 작은 키의 일본 천황과 굳이 나란히 사진 찍고 그 장면을 언론에 배포했다. 일본인의 정서를 알면서도 "천황은 인간이다."라고 거침없이 말하기도 했다. 그는 이런 식으로 천황을 정점으로 한 일본 특유의 군국주의를 억눌렀다. 신격화, 신화 교육을 금지했고, 전쟁 책임을 물어 언제든 전제적 통치에 가담할 수 있는 공무원 2만 명을 퇴직시켰다. 맥아더는 실질적으로 일본을 다시는 전쟁 할 수 없는 나라로 만들었다.

한편으로 그는 늘 최전방에 서서 전투를 지휘했다. 그는 관료주의, 보신주의를 끔찍이 싫어하는 야전 군인이었다. 전쟁 상황에서 판단이 무척이나 빠르고 창의적

이어서 탄성을 자아내는 전략들을 수시로 내놓았다. 고지식하거나 규범적 원칙 따위에 얽매이지 않는 리더였다고 할 수 있다. 그가 6·25 과정에서 UN군 총사령관으로 부임하자마자 즉시 내놓은 승리 전략이 곧 인천상륙작전이었다. 그의 본능적 자신감은 도박에 가까운 전략을 기꺼이 밀어붙이게 했다. 한반도의 남녘까지 깊숙이 침투해 들어온 북한군의 먼 후방인 인천을 우회해서 치고 들어가는 이 작전은 성공확률이 5000분의 1이란 얘기를 들을 만큼 혹독한 비판을 받았다. 그러나 그는 성공을 자신했고 실제로 성공해냈으며 결과로 반대자들을 침묵시켰다.

한국의 군정 기간 동안 이승만과 하지 중장은 그야말로 견원犬猿의 사이로 매번 으르렁거렸다. 그러나 상대적으로 맥아더는 이승만과 몹시 긴밀했다. 이승만과 맥아더의 인연은 독립운동 시기로까지 거슬러 갈 만큼 오래되었다. 맥아더의 장인이 이승만의 독립운동단체, 한국친우회League of Friends of Korea의 주역으로서 독립운동에 오랫동안 도움을 주었던 바 있다. 이승만은 종종 강력한 반공주의자이며, 대단한 전쟁영웅이자 비슷한 연배의 맥아더에게 호감을 품었던 것으로 알려져 있다. 이들의 사적 인연 때문인지, 6·25 기습 남침이 있었던 날 이승만의 불같은 전화를 받고 맥아더는 곧바로 미군의 투입을 결정지었다. 전격전으로 일거에 한반도를 공산화하려 했던 김일성도 미군의 너무나 빠른 참전에 충격을 받았다.

맥아더는 분명 강력한 카리스마와 자기 확신으로 똘똘 뭉친 천재형 리더이지만 사실 실패와 패전 기록도 상당히 많다. 특히 평양과 원산 선으로 새 전선을 구축하려는 미국 대통령의 뜻을 무시하고 압록강까지 전선을 확대한 일은 지금도 논란이 일고 있다. 오늘날까지 맥아더는 중공군을 자극해 참전을 유발했다는 비판을 사고 있다. 미국 워싱턴 정가의 우려대로 중공군이 대거 전쟁에 참전하자 이번에는 맥아더가 의회로 직접 출석해서 확전 연설을 하기도 했다. 그의 과격하고 단호한 연설에 미국의 온건파 정치인들은 아연실색했다.

맥아더는 의회에 압록강을 넘어 중공군의 군수기지가 있는 만주를 폭격하자고 주장했고, 중공에 대한 강력한 해안 봉쇄까지 요구했다. 대만군이 중국 본토로 상륙

하도록 지원하자고 요구하기까지 했다. 그는 사실상 공산주의의 전멸을 원했다. 만주에 원자폭탄을 투하하자는 주장에는 그의 옹호자들도 한발 물러설 만큼 겁을 냈다. 자칫 3차 세계대전이 날지도 모를 일이었다. 반대로 미국의 국민들은 맥아더에 열광하고 있었다. 공공연히 대통령 후보로 선출될 것이란 소문이 정가에 돌았다. 결국 트루먼 대통령은 도무지 고분고분하지 않은 맥아더를 명령 불복종으로 해임해버렸다. 맥아더는 미국 국민의 환영 속에 고국에 귀환했다. 한국의 역사가 또 한번 바뀌는 순간이었다.

맥아더가 퇴역한 후 미국 공화당은 예상대로 그를 두번이나 대통령 후보로 추대하려 했다. 그러나 맥아더는 끝내 대통령이 되지는 못했다. 영웅에 대한 열렬한 지지 세력만큼이나 강력한 반대 집단도 그 수가 대단했다. 이 위대한 천재는 대통령의 꿈까지 거머쥐지는 못했다.

고국에 귀환한 맥아더는 의회에서 유려한 언어로 명연설을 했다. "노병은 죽지 않는다. 다만 사라질 뿐이다 (Old soldiers never die, they just fade away)."라는 그의 연설 한 대목은 오늘날에도 종종 회자된다. 노병은 그의 연설 그대로 1964년 워싱턴의 자택에서 조용히 사라졌다. 이승만의 죽음보다 한해 빨랐다. 오늘날 맥아더는 미국의 소위 '위대한 세대great generation'의 상징 같은 인물로 종종 회자된다. 노병은 그렇게 역사가 되었다.

밴 플리트 부자
(James Alward Van Fleet)
이것은 제게 부여된
의무와 책임입니다

밴 플리트(James Alward Van Fleet, 1892~1992)는 기이하게
불운한 사내였다. 미 육군 인사처에서 '밴 플리트'와 동
명이인인 어느 문제투성이 군인과 혼동을 빚어 우수한
전쟁 실적과 능력에도 불구하고 매번 승진에서 밀렸다.
뒤늦게 동명이인임이 확인된 밴 플리트는 이때부터 승
진에 승진을 거듭하여 주한 미 8군 사령관에까지 이르렀
다.

그는 양차 세계대전과 한국전에 모두 참여한 20세
초엽의 전쟁 영웅들 중 대표적인 인물이다. 노르망디 상
륙작전에서 직접 상륙작전에 참여했고, 제2차 세계대전
에 군단장 신분으로 참전하여 승리로 끝맺었다. 1951년
4월경 트루먼 대통령에 의해 갑작스럽게 해임된 맥아더
의 후임으로 리지웨이 장군이 6·25전쟁의 지휘를 맡았

는데, 그 후 리지웨이가 8군 사령관이 되어 일본으로 옮겨간 뒤 밴 플리트는 주한 8군의 지휘관이 되었다.

밴 플리트는 지루하고 잔혹한 참호전이 이어지는 전쟁의 중반에 한국에 부임했다. 그는 "나는 승리하기 위해 이곳에 왔다. 나와 함께 하기 싫다면 당장 집으로 돌아가라"라고 하면서 침울한 현장 분위기를 단번에 바꾸었다. 이 기간 밴 플리트는 한국 육군을 정예군대로 양성하는 데 정성을 다했다. 강원도 전선에서 한국군 3군단이 중공군에 패배해 사실상 붕괴되어 버렸던 일이 있었다. 이 일을 계기로 밴 플리트는 3군단을 아예 해체하고 처음부터 훈련을 다시 시작했으며, 한국에 육군사관학교를 세웠다. 사실상 벤 플리트 없는 한국군은 설명하기 힘들다. 이승만은 미국 의회 연설에서 밴 플리트를 가리켜 '한국 육군의 아버지the father of Korean army'라고 격찬했다.

전쟁 당시 밴 플리트는 아들 지미 플리트Jimmy Fleet도 6·25전쟁 최전선에 참전시켰다. B-26 폭격기 조종사로 참전한 아들은 불행히도 1952년 4월 4일 새벽, 북한의 해주 부근에서 폭격 임무를 수행하던 중 적의 대공포를 맞아 실종되었다. 수색 작전이 한창이던 시기, 밴 플리트는 아들이 실종된 지도를 한동안 응시하다 직접 수색 작전 중단을 명했다. 긴박한 현장에서 아들을 구출하는 일이 무리해 보였기 때문이다. 함께 작전하던 한국군의 채명신 장군은 이 장면을 늘상 회고하며 먹먹해 하곤 했다. 밴 플리트의 참모들은 그가 가끔씩 아들이 실종된 지역의 지도를 물끄러미 바라보곤 했다고 회고했다.

밴 플리트는 전역 후에도 항상 한국 문제에 대해서는 아낌없이 돕고 직접 발로 뛴 대표적 친한파 인사로 기억된다. 그는 이승만과 부자父子 이상의 돈독한 관계를 유지했던 것으로 유명하다. 밴 플리트는 이승만을 가리켜 '위대한 애국자, 강력한 지도자, 강철같은 사나이, 카리스마적인 성격의 소유자'로 높이 평하며 흠모했다. 그는 워싱턴 정치인과 이승만 사이의 치열한 대립 때마다 이승만의 입장에 서려고 노력했던 대표적 지한파였다.

사실 밴 플리트가 사령관직을 마치고 주한 미국대사를 맡아달라는 아이젠하워 대통령의 부탁까지 거절했던 사연도 이승만과의 친분 때문이었다. 밴 플리트는 미국의 휴전정책을 이승만에게 도저히 강요할 자신이 없었다. 이승만이 얼마나 통일에 절박해 있는지 알았기 때문이다. 그런 밴 플리트를 이승만은 참으로 사랑했다. 밴 플리트는 훗날 이승만이 하와이에서 서거했다는 소식에 가장 먼저 달려와 그의 관에 매달려 울었다. 직접 이승만의 유해를 모시고 한국에 와 장례식을 모두 지켜 본 뒤에야 귀국했다.

밴 플리트는 전쟁 후 한국의 전후 복구사업에도 관심이 많았다. 축산업과 목장 일에 노하우가 있던 그는 생전의 이승만과 제주도를 자주 오가며 목장 건설을 도왔다. 그는 한국의 전쟁 고아들을 찾으며 많은 시간을 보내기도 했다. 한국에 관한 일이라면 발 벗고 나서는 그의 노력과 됨됨이에 종종 '한국을 제2의 조국으로 여긴 인물' 이라고 평해지곤 한다. 밴 플리트가 제안한 한미친선협회, 즉 '코리아 소사이어티'는 한미 양국의 우호를 위해 지금도 활동 중이다.

100세까지 장수했던 밴 플리트는 긴 세월만큼이나 늘상 아들을 마음에 묻어두고 살았다고 전해진다. 6·25 당시 미군 장성의 자녀들 중 아버지와 함께 참전한 군인이 134명에 이른다. 이들 중 35명이 죽거나 큰 부상을 입었다. 후방이 아닌 위험한 최전선에 자식들을 세운 경우가 대부분이었다. 클라크, 아이젠하워 장군의 자식도 크게 다쳤다. 워커 중장은 아들에게 훈장을 수여하기 위해 차를 타고 가던 중 운전자의 과실로 한국군 트럭과 충돌해 숨졌다. 무어 군단장은 헬기 추락 사고로 숨졌고, 딘 소장은 대전 일대에 고립되었다가 북한군의 포로로 끔찍한 옥고를 치렀다. 마틴 장군은 천안에서 북한군과 바주카포를 직접 들고 맞서다 숨졌다. 하버드 출신 19명, 프린스턴 출신 23명 등 미국의 촉망받는 젊은 엘리트들도 이 땅에서 숨졌다. 한국은 이 아름다운 청년들의 희생에 빚을 졌다.

밴 플리트의 아들 지미가 어머니에게 쓴 편지는 오늘날에도 종종 회자된다. 아들은 그의 아버지만큼이나 영혼이 반듯하고 고매한 인물이었다. 한국의 국가보훈처는 2014년 밴 플리트 부자의 뜻을 기려 그를 전쟁영웅으로 추서했다.

"사랑하는 어머니, 이 편지는 어느 군인의 아내에게 바치는 편지입니다. 눈물이 편지를 적시지 않았으면 합니다. 저는 한국전에 참전하기 위해 비행 훈련을 받았습니다. 우리는 야간비행을 할 것입니다. 지금 한국인들은 두려움 없이 삼천리를 위해 싸우고 있습니다. 드디어 제게도 미력이나마 힘을 보탤 시기가 온 것 같습니다. 어머니. 저를 위해 기도하지 말아주십시오. 저보다 승무원들을 위해 기도해 주십시오. 그들 중에는 무사히 돌아오길 기다리는 가족을 둔 사람, 가족을 이루지도 못한 사람이 많습니다. 저는 최선을 다하겠습니다. 그것이 제게 부여된 의무와 책임입니다. 아들 짐 올림."

백선엽 (白善燁)
자유에 공짜는 없습니다

백선엽(白善燁, 1920~) 은 소년 시절 늘상 군인을 동경했다. 철모와 제복, 무엇보다 명료하고 굳센 직업적 자태는 혼돈 가득한 세상에서 가장 굳건한 인간의 전형으로 보였다. 1920년 평안남도 강서 출신의 이 소년은, 그러나 일곱 살 무렵 아버지를 여의고 꿈 따위는 아무래도 상관없게 되었다. 너무 가난했기 때문에.

충격적인 이 시절의 경험도 한 몫을 했다. 지독한 가난 속에서 아이들을 홀로 키울 자신이 없던 어머니가 선엽을 끌어안고 대동강에 뛰어들려 했던 것이다. 누이들의 간곡한 설득으로 선엽과 어머니는 겨우 목숨을 부지했다. 이 일로 소년은 일찌감치 어른이 되었다.

백선엽은 어머니와 밭일을 함께 하며 먹거리를 마련했고 착실했던 누이들은 공장 여직공으로 가족 생계를 챙겼다. 당시 여느 가난한 조선인 가정들처럼 온 가족이 절박하게 생계에 매달렸다. 백선엽은 군인의 꿈을 마음 한 켠에 조여 묶고 사범학교에 진학했다. 그는 교직 생활을 이어가다 가정형편이 풀린 것을 계기로 훌쩍 만주로 떠났다. 그 시절 만주에 대체 무엇이 있었을까.

당시 만주는 개척시대 미국의 '서부'와 같은 곳으로 인식되었다. 이를테면 기회의 땅. 중국인, 러시아인, 조선인 등 다종다양한 사람들이 각기 성공을 꿈꾸며 몰려들어 뒤엉켜있었다. 이곳 '동아시아의 서부'에서 백선엽은 만주국 군인이 되었다.

1945년 해방의 첫 소식을 들었을 때 젊은 군인 백선엽은 서둘러 귀국했다. 여러 이유로 고국을 떠나있었던 기업가, 군인, 독립운동가 등 여러 조선인들도 해방된 고국으로 향하던 때였다. 평양의 대표적 교육자이자 독립운동가였던 조만식曺晩植이 그를 눈여겨 두었다가 비서로 삼았다. 그러나 소련군이 평양에 진군해 한반도의 북쪽을 신속히 장악해가자 백선엽은 그해 12월 월남했다. 백선엽의 경우처럼 만주에서 북으로, 북에서 남한으로, 자유를 찾아 떠나온 이들의 숫자가 엄청났다. 이 거대한 인구 이동은 6·25 때까지 계속 되었다. 남한에서 백선엽은 국방경비대에 자원했고 승진을 거듭해 1949년 사단장으로 승급했다. 이듬해 6·25의 발발과 함께 백선엽은 그야말로 전란의 최일선에 던져지게 되었다.

전쟁 초기 북한군들 앞에 한국군은 속수무책이었다. 그러나 유독 백선엽의 부대만큼은 군의 형태와 편제를 유지하면서 안정적으로 후퇴하는 데 성공했다. 혼란 속에서 병력과 군 조직을 지켜낸 그의 역량을 UN군 측은 몹시 인상적으로 평가했다.

이후 '최후 방어선'이라고 불렸던 낙동강 전선에서 백선엽의 국군 1사단은 미군 2개 연대와 더불어 경북 칠곡 가산면에서 처참한 불퇴의 격전을 벌였다. 오늘날 다부동전투多富洞戰鬪라 불리는 당시 참호전의 끔찍스러운 경험은 두고두고 회자되었다. 다부동전투 때 국군 1사단 병력은 이틀을 내리 굶은 상태였다. 견디다 못한 병사들이 무단이탈하고 임의로 후퇴하려 하자 백선엽은 병사들 무리 앞에 홀로 서서 외쳤다. "저기 미군들은 싸우는데 우리가 우리 땅에서 이럴 순 없다. 내가 앞장설 테다. 부디 나를 따라주길 바란다. 만일 내가 후퇴한다면 그땐

나를 쏴버려라." 병사들은 숨죽이며 지휘관의 말을 들었고, 다시 참호로 되돌아갔다.

백선엽과 한국군은 이 극악의 고통 속에서 마지막 보루를 지켜내며, 대구로 진격하려는 공산군의 야욕을 꺾었다. 낙동강 전선은 이제 반격의 교두보였다. 인천상륙작전의 성공과 함께 한국군, UN군은 극적으로 전세를 역전하는 데 성공했고 백선엽의 국군 1사단이 가장 먼저 평양에 입성하기에 이른다. 평양 해방의 장면은 백선엽이 가장 감격적으로 기억하는 순간이었다. 이후 그의 부대는 평안북도 운산까지 진출해 통일을 목전에 두었다. 그러나 김일성이 마오쩌둥을 설득해 거대한 중공군을 끌어들였다. 중공의 불법 개입으로 UN군과 한국군은 다시 비참한 후퇴의 길에 섰다. 많은 북한 주민들이 남으로 남으로 군과 함께 피란길에 섰다. 참혹했던 겨울, 다시 38선을 내어주기까지 했다. 백선엽은 당시 한국의 군인들이 그러했듯 6·25전쟁의 악전고투를 온몸으로 맞서 경험한 사내였다.

이 시기 백선엽은 전우들과 경찰의 유자녀들, 전쟁통에 부모 잃은 아이들을 모아 간이 보육시설을 만들었다. 이 보육원은 후일 백선엽이 교육 사업에 투신하게 된 중요한 경험이 되었다. 백선엽은 한편으로 휴전협상 때 한국군 대표로 참석하기도 했다. 협상 테이블에서 긴급한 전황을 듣고 얼른 야전에 뛰어 들어갔다 다시 되돌아와 협상을 이어간 지 여러 번이었다. 셀 수 없이 많은 극한적 경험 끝에 휴전협정이 조인되었을 때, 그의 나이 겨우 서른두 살이었다. 전쟁영웅, 명장의 이력서는 짧은 몇 년 만에 다 채워졌다. 그는 가장 입지전적 군인이었다. 전쟁이 끝난 후 미국은 맥아더, 리지웨이, 김동석 대령과 함께 백선엽 장군을 6·25전쟁의 4대 영웅으로 꼽았다.

백선엽은 전쟁이 끝난 후에는 밴 플리트와 뜻을 모아 본격적으로 한국군 증강 작업에 들어갔다. 백선엽은 미국의 신뢰가 워낙 두터웠던 관계로 종종 극단적 갈등을 빚던 미국 정가와 이승만 사이를 조정하고 연결하는 역할을 했다. 육군참모총장에 부임한 그는 주로 군 현대화와 상이군인 복지사업에 집중했고, 현대식 사단 여러 개를 새로 창설했다. 백선엽은 휴전선 방어권까지 다시 미8군으로부터 인계받았으며, 야전 지휘뿐만 아니라 군 조직 개편과 개혁에 이르기까지 전쟁 기간과 전쟁 후의 혼란기를 매우 성공적으로 관리했다는 평가를 받는다. 그는 박정희의 5·16 군사정변 이후 퇴역했고, 이후에는 주로 외교관을 도맡아 대만, 유럽, 아프리카 등지의 대사를 겸했다. 박정희 정부 시절 교통부 장관으로 서울 지하철 1호선의 건설을 지휘하기도 했다. 6·25전쟁을 포함한 한국 현대사의 여러 곳에 그의 흔적이 짙게 드리워있다.

퇴역군인 백선엽의 99세 생일에는 주한 미국 대사가 휠체어에 앉은 노인 앞에 무릎을 꿇고 예를 표하는 장면이 화제가 되었다. 주한미군이 그를 위해 마련한 생일잔치에서였다. 백선엽은 오늘날까지 한국군, 미군 양편에서 가장 사랑받고 존경받는 군인으로 두루 기억되고 있다. 소년은 결국 꿈대로 살았고 조국은 그에게 빚을 졌다. 많은 전우를 잃었고 사랑했던 많은 사람들을 먼저 떠나보낸 노인은, 이제 휠체어에 앉아 한 세기의 인생을 느리게 뒤돌아보고 있다.

손원일(孫元一)
한국 해군의 시작

손원일(孫元一, 1909~1980)의 아버지는 손정도(孫貞道, 1872~1931) 목사다. 손정도 목사는 상해 임시정부 의정원 의장이자 3·1운동의 주역인 민족대표 33인 중 한 분이 며, 손원일은 손 목사의 장남으로 태어났다. 놀랍게도 손 목사가 목회하던 교회 청년 중 한 명이 김일성이었다. 후 일 손 목사 장남이 대한민국 해군의 영웅으로 인천상륙 작전을 성공시켜 김일성의 야욕을 무너뜨린 것은 역사 의 아이러니가 아닐 수 없다.

젊은 손원일은 중국 해군의 국비유학생으로 선발되 어 3년간 독일에서 공부했다. 이후 손원일은 독립운동의 비밀연락원 혐의로 붙잡혀 옥고를 치렀는데 석방 후 고 문 후유증을 치료하다 아예 식료품 수입상을 시작했다. 사업에서 크게 성공한 손원일은 이때 축적한 재산을 털어 훗날 조선해안경비대 창설 자금으로 사용했다. 그는 1945년에 조국이 해방되자 함께 귀국하여 중국, 독일 등지에서 선박 관련 지식을 이용해 해군 건설에 박차를 가했다. 여러 동료들이 그의 뜻에 동참했다.

1945년 8월 21일 해사대 조직을 결의한 손원일은 미군정과의 협의 끝에 그해 11월 해안경비를 담당할 해방병단을 창설했고 초대 단장에 취임했다. 한국 해군은 독자적 역량과 자발적 영해 수호 목적으로 수립된 조직이었다. 해외에서 유학했던 손원일과 그의 동료들의 노력의 결과였다. 그렇지만 한국 해군의 시작은 빈손이었다. 당시 손원일이 보유한 선박이라곤 일본군이 쓰다 버린 소형 목선 몇 척뿐이었다. 해군은 1949년 6월 1일 '함정건조기금갹출위원회'를 구성하고 초대 참모총장인 손원일 제독이 위원장을 맡아 병사들과 그 가족들이 모금을 시작했다. 이렇게 4개월 동안 모은 1만 5천 달러와 이승만 대통령의 정부지원금 4만 5천 달러를 더해 백두산 함, 금강산 함, 삼각산 함, 지리산 함 등 4척을 구입했다.

첫 함정인 백두산 함은 6·25전쟁 발발 당일인 1950년 6월 25일 개전 당일 동해를 따라 부산 쪽으로 접근하던 1000t급 북한 무장 수송선을 격침했다. 이 승리로 부산항을 지켜냈고, 북한의 후방 침공을 차단하여 UN군과 무기, 탄약, 장비 등 병참 물자가 들어올 수 있었다.

백두산 함은 6·25전쟁 이후에도 각종 경비 임무에 투입됐다가 1959년 7월 1일 퇴역했다. 손원일은 초대 해군 참모총장에 임명되었고 인천상륙작전의 성공으로 전세가 역전되는 데 공헌한 그는 1953년 6월 해군중장으로 예편하며 그해 8월 국방부장관으로 취임했다. 국방부장관으로 재직하며 국방력 증강 뿐 아니라 국군묘지 창설, 군목제도 활성화, 전시 연합대학과 국방대학원 창설 등을 이뤘다. 군생활 후에는 서독 대사로 임명되어 외교 일선에서 일했고 유럽과 아프리카 지역 국제회의에서 주로 활동했다. 전체적으로 생애 초기는 군인으로, 생애 후반은 외교관으로서 놀라운 성취들을 이어갔다. 그는 1980년 서거했고 국립묘지에 안장되었다.

월턴 워커
(Walton Harris Walker)
내가 죽는대도
한국만은 지킨다

월턴 해리스 워커(Walton Harris Walker, 1889~1950). 밴 플리트 장군과 함께 한국인에게 가장 사랑받는 미국인으로 손꼽힌다. 밴 플리트가 장수했던 것에 비해 워커는 너무 빨리 세상을 떠났다.

제2차 세계대전의 유명 영웅들 스토리가 그렇듯 월턴 워커도 유럽 전선에서 맹위를 떨쳤다. 3기갑 사단장, 20군단장으로 북아프리카 전투에서 독일 명장 롬멜의 부대를 판판히 부수었다. 당시의 공훈을 인정받아 중장으로 진급했고 종전 후에는 주일 8군 사령관으로 임명되었다.

1950년 6월 25일 새벽, 6·25전쟁이 발발하자 극동군 사령관 맥아더는 워커와 미군 24사단을 즉시 한국으로 보냈다. 전쟁 초기는 미군, 한국군 공히 궤멸적 패배를 연이어 겪었다. 사실 제2차 세계대전이 끝나고 미군 장병들의 사기나 군사적 역량은 흐트러져 있었다. 워커는 그들을 다독이며 낙동강 전선을 사수해냈다. 당시 미국 정가에서는 낙동강 전선을 무리해서 지키는 계획에 부정적이었지만 워커의 의지가 워낙 강했고 그를 설득할 수가 없었다. 결국 워커는 한국군과 UN군 양측에 "더 이상 물러설 수 없고, 더는 물러설 곳도 없다. 무슨 일이 있어도 후퇴는 없다."라는 지침을 내렸고, '배수의 진'은 성공했다. 죽음을 무릅쓴 이 최후 방어선을 '워커 라인'으로 부르게 된 연유다. 백선엽과 함께 고국의 마지막 영토를 지켜낸 영웅이었지만, 명장은 불의의 사건으로 너무나 허망하게 숨을 거뒀다.

당시 월턴 워커의 아들도 중위 신분으로 6·25의 한복판에서 싸우고 있었다. 그의 아들 샘 워커Sam Walker는 전쟁 당시 최전선의 소총 중대에서 싸우고 있었다. 당시 미군의 장성들 중에는 워커 부자처럼 아들과 아버지가 함께 전쟁에 참여하는 사례가 많았다. 소위 노블레스 오블리주의 전형이었다. 1950년 12월 23일, 크리스마스를 이틀 앞둔 날, 워커는 아들의 은성 무공훈장 수상을 축하하기 위해 이동하던 중 하필 한국군 6사단의 차량과 추돌하는 비극을 맞았다. 워커는 현장에서 사망했다. 전쟁의 참화 속에서 아들 워커가 부친의 관을 직접 운구했고 1951년 1월 2일 알링턴 국립 묘지에 안장되었다. 워커 중장을 기억하는 한국과 미국의 노병들은 2009년 그가 숨진 도봉역 인근에 표지석을 세웠다. 서울의 대표적인 특급호텔인 워커힐 호텔도 장군의 이름을 따서 지은 것이다. 월턴 워커와 동시대의 너무나 많은 군인들이 한국의 비참한 한국을 건져내려 싸웠다. 이들은 타국을 위해 고국의 이름으로 피를 흘렸고 기꺼이 사라졌다. 오늘날 알링턴 국립묘지에는 한국에서 전사한 3만여 명의 영웅들이 안장되어 있다.

이근석(李根晳)
한국 공군의 시작

해군에 손원일이 있었다면 공군에는 이근석(李根晳, 1917~1950)이 있었다. 김영환 등과 함께 한국의 초기 공군을 창설한 7인 중 하나였다. 1946년 4월 1일 최초의 항공부대가 조선경비대 내에 창설되었는데 그는 매우 유능한 파일럿으로 명성을 떨쳤다.

1949년 항공부대가 육군으로부터 공식적으로 공군으로 독립함과 동시에 이근석은 새로 창설된 공군사관학교의 초대 교장으로 임명되었다. 실력 있는 파일럿이 절대 부족했던 상황에서 후진 양성에 힘쓰던 참에 6·25 전쟁이 발발했다. 이근석은 미국 측의 도움으로 다급히 일본으로 건너가 F-51전투기 10대를 인수받았다.

1950년 7월 3일, 이근석의 항공대는 작전명령 제25호에 의거해 공군 사상 최초의 전투기 출격을 감행했다. 처음에는 춘천으로 밀려들어오는 적에 대한 정보 획득과 위협 비행이 목적이었다. 하지만 적의 남하가 보통 수준이 아님을 인지한 그는 단순 정찰로 적의 남하를 저지할 수 없음을 알고 15kg의 국산 폭탄을 싣고 직접 폭격을 시작했다. 이 싸움에서 당시 한국 공군은 보유한 폭탄 전량을 다 소모할 만큼 절박하게 싸웠다. 이 기념비적인 전투 다음날 7월 4일에도 이근석은 출격했다. 이번에는 안양 지역에 남하하고 있던 북한군 기갑부대를 막아달라는 요청 때문이었다. 이근석과 그의 부대는 적 탱크에 맞서 출격해 급강하하는 도중 적의 대공포에 맞았다.

사실상 귀환이 불가능한 상황에서 이근석은 자신이 후진들에게 가르친 그대로 행했다. 그의 F-51 전투기를 그대로 들이받아 탱크에 자폭시켜버린 것이었다. 비장한 산화였다. 교육자이자 파일럿이었던 이근석의 이 장렬한 죽음은 그 자체로 후배 파일럿들의 표상이 되었다.

이근석은 사후 태극무공훈장과 함께 공군 대령에서 공군 준장으로 특진이 추서되었다. 유해는 1957년 4월 28일 국립현충원에 안장되었다.

랄프 몽끌라르
(Ralph Monclar)
긍지를 물려준 백전노장

몽끌라르(Ralph Monclar, 1892~1964)의 본명은 마그랭 베르느레Magrin Vernerey다. 프랑스 육군사관학교를 졸업한 엘리트 군인으로 양차 세계대전의 각종 전투에 참전했다. 20여 개의 각종 무공훈장을 받은 대표적 전쟁영웅이었다. 지구 반대편 한국에 전쟁이 났다는 소식에 프랑스 정부도 파병을 결정지었다. 대대급의 파병군으로 군소 규모였지만 몽끌라르는 장군 신분으로 파병부대 지휘관을 자청했다. 프랑스 국방부 장관이 미국은 육군중령이 대대 지휘관을 맡고 있어 격이 맞지 않다는 입장을 내자, 몽끌라르는 다음과 같이 말했다.

"육군중령이라도 좋습니다. 저는 언제나 전쟁터에서 살아왔습니다. 곧 태어날 제 아이에게 제가 최초의 UN군 일원으로 참전했다는 긍지를 물려주고 싶습니다."

제2차 세계대전 기간 동안 독일군에게 연패해 굴욕적 수모를 당했던 고국 프랑스군의 명예를 생각한 결단이었다. 결국 몽끌라르는 4성 장군의 계급장을 포기하고 스스로 중령으로 계급장을 낮춰 달았다. 전무후무한 조치였다.

몽끌라르는 백전노장이었다. 거대한 병력으로 밀려들어오는 중공군에 맞서 '지평리(경기도 양평군)' 전장을 사수했던 일화는 유명하다. 이 일로 중공군의 2월 공세는 실패로 돌아갔고 한국군과 UN군은 위기에서 전열을 정비할 시간을 얻었다. UN군이 중공에 맞선 첫 번째 승리였다.

이 지평리 전투의 승리는 인천상륙작전과 더불어 전쟁의 전세를 역전시킨 2대 전투로 꼽히며 몽끌라르의 놀라운 전공으로 기억된다. 당시 UN군 수뇌부 측은 이 전투에서 실패하면 한국전에서 UN군을 철수하는 것까지 고려하고 있었다. 사실상 대한민국을 구한 영웅 중 영웅이다. 영하 20도의 혹한에서 전쟁을 치른 몽끌라르와 프랑스 병사들을 기념해 한국 국가보훈처는 이들을 전쟁영웅으로 공식 추서하였다. 오늘날 프랑스 내에도 몽끌라르를 헌정하는 각종 기념비와 광장, 거리 등이 명명되어 있다.

1964년, 프랑스와 한국 두 나라를 구한 이 애국자의 장례식에 샤를 드골 대통령이 직접 자리했다. 대통령은 눈물을 흘리며 영웅의 마지막 길에 예우를 다했다.

윌리엄 해밀턴 쇼
(William Hamilton Shaw)
한국을 위해 희생한
하버드인

윌리엄 해밀턴 쇼(William Hamilton Shaw, 1922~1950)는 미국인 선교사 부부의 아들로 1922년 평양에서 태어났다. 그는 한국에 깊은 애정을 가졌고 평생 한국을 제2의 조국으로 여겼다. 평양에서 고등학교까지 마쳐서 한국인 친구들이 무척 많았다. 제2차 세계대전 때는 미 해군으로 노르망디 상륙작전에도 참전했던 쇼 대위는 전역 후 늘상 그리워하던 한국으로 돌아왔다. 그는 군인이며 선교사의 역을 겸하는 사람이었다. 쇼는 미군정청 소속으로 조선 해양경비대 사관학교에서 교관으로 근무하며 생도들을 가르쳤다.

교관 생활 후 쇼는 하버드 대학교 박사과정에 진학했다. 그러나 6·25전쟁 발발 소식을 듣고 학업을 중단하여 자발적으로 미 해군에 재입대했다. 한국을 너무나 사랑했던 쇼의 결정에 지인들은 숙연했다. 쇼는 인천상륙 작전에도 참가했으며, 1950년 9월 22일 녹번리(碌磻里, 현재 서울 은평구 녹번동) 전투에서 북한군의 공격을 받아 만 28세의 나이로 전사했다.

현재 서울 합정동의 기독교 선교사 묘지인 양화진에는 윌리엄 해밀턴 쇼와 부모가 함께 안장되어 있다. 그의 묘비에는 '사람이 친구를 위해 목숨을 버리면 이보다 더 큰 사랑은 없다.'라는 구절이 새겨져 있다. 가난하고 순박한 한국인을 위한 선교사로 평생 살고자 했던 쇼의 뜻을 기리고자 대전 목원대학교에서는 해밀턴 쇼를 추모하는 교회를 세웠다. 2010년에는 그가 전사한 서울시 은평구 부지에 평화공원을 조성하고 동상을 건립했다.

다음은 윌리엄 해밀턴 쇼가 6·25전쟁의 전선으로 걸어 들어가며 부모님께 보낸 편지의 한 문장이다.

"사랑하는 부모님. 지금 한국 국민이 전쟁 속에서 고통당하고 있는데 이를 먼저 돕지 않고 전쟁이 끝나 평화가 찾아온 후에 선교사로 한국에 간다는 것은 제 양심상 도무지 허락되지 않습니다."

윌리엄 스피크먼
(William Speakman)
한국은 감동적인 나라

백발의 영국인 윌리엄 스피크먼(William Speakman, 1927~2018)은 생전에 늘 주변 사람들에게 '한국 땅에 묻히고 싶다'라고 말해왔다. 6·25전쟁이 있기 전까지는 이름조차 못 들어본 신생독립국이었지만, 그가 이방에 묻히고 싶었던 까닭은 대체 무엇이었을까. 이 영국인 청년에게는 대체 어떤 기적같은 일들이 벌어졌던 것일까.

6·25 참전용사 윌리엄 스피크먼은 1951년 스코틀랜드 수비대 소속 이등병으로 한국전쟁에 참전했다. 부대의 막내 병사에 불과했던 앳된 스피크먼의 인생은 임진강 유역 마량산 고지에서 뒤바뀌었다. 그야말로 막대한 숫자로 밀어닥치는 중공군을 영국군 소대가 맞서야 했다. 당시의 전투 상황은 중공군의 적진까지 뛰쳐 들어가 격렬히 육박전을 벌이는 식이었다. 당연히 싸움이 있을

때마다 전우들이 수도 없이 숨져갔다. 스피크먼 이등병은 중공군에 포위되고 마침내 탄약까지 바닥나자 아예 남은 수류탄을 주렁주렁 챙겨들고 적진에 뛰어들었다.

사실상의 자살공격에 가까운 싸움이었다. 수류탄을 힘껏 던지고 재빨리 탈출하는 극단적 전투 방식으로 그는 전과를 올렸다. 혀를 내두를 무모함이며 용기였다. 언제나 극단의 상황은 극단의 영웅을 만든다. 스피크먼은 영웅으로 추서되었다. 당시 이 전투로 부상을 입어 스피크먼은 고국으로 후송되었다. 그러나 그는 치료 후 단 석 달 만에 자원해서 한국으로 다시 돌아왔고 재차 최전선에 섰다.

영국은 자국 병사의 이 용기와 강직함을 높이 사서 자국의 군인에게 최고 훈장인 빅토리아 십자훈장을 수여했다. 맨체스터 시에 그의 이름을 딴 건물과 다리를 짓기도 했다. 우리 정부도 2015년 스피크먼에게 태극무공훈장을 수여했다. 생전에 그는 한국을 세 번 방문했고 우리 정부에 자신이 받은 훈장과 기념 메달 10점을 기증하기도 했다. 이름없는 한 영국군 병사에게 한국에서의 전쟁 경험은 삶의 지축을 뒤흔든 잊지 못할 경험이 되었다.

스피크먼 이등병은 어느 순간 한국을 영혼 깊숙이 사랑하게 되었다. 백발 노인은 자신이 지켜낸 나라의 발전상을 멀리서 지켜보며 늘상 자부심으로 여겨왔다고 전한다.

"군인은 늘 자신이 싸웠던 곳을 생각하기 마련입니다. 제가 죽는다면 재가 되어 한국에 묻히고 싶습니다. 거기서 영면하고 싶어요."

스피크먼은 91세의 나이로 숨을 거뒀고 전쟁영웅의 유해는 그가 품은 소원 그대로 인천공항을 통해 들어왔다. 영국군 이등병이 목숨을 던져 지켜낸 나라는 반세기 후 그를 위한 반 평의 공간을 마련해주었다. 스피크먼은 부산 UN군 묘지에서 영면 중이다.

리처드 위트컴
(Richard Whitcomb)
전쟁은 국민을 위해야
진정한 승리

리처드 위트컴(Richard Seabury Whitcomb, 1894~1982)은 미국 캔자스에서 태어나 1차 세계대전과 2차 세계대전 의 노르망디 상륙작전에 참전했다. 한국전쟁 당시 미군 군수사령관이었던 위트컴은 부산에 주둔하며 6·25 전 후 재건을 위해 많은 노력을 기울였다. '피란민의 대부' '전쟁고아의 아버지'로 불린 위트컴은 '부산역전 대화재' 로 잿더미가 된 부산을 재건하고 병원과 고아원을 건립 했다. 우리나라 최초의 아동보육시설(익선원)을 설립한 한 묘숙 과 결혼한 후 이들 부부는 평생을 전쟁고아를 돌보 고 한국을 위해 헌신했다.

소설가 윤정규의 『불타는 화염』을 보면 "1953년 11월 27일 부산역전 대화재가 영주동 산비탈 판잣집에서 시작됐고, 장장 14시간이나 번지고 번져 부산 번화가였던 사십계단 부근과 동광동, 부산역 일대를 잿더미로 만들었다"는 내용이 나온다. 하필 11월의 끝자락이었던지라 당장 오갈 데 없는 이재민 수만 명이 무대책으로 겨울 찬 공기 밑에 내던져졌다. 절망을 겨우 딛고 일어나려던 피난민 살이에 다시금 거대한 절망이 밀려들었다.

위트컴은 이 심각한 상황을 보고받고 직권으로 이재민들이 기거할 천막을 지어나갔다. 급한 대로 당장 11,000명이 기거할 거대한 천막촌이 차려졌고 매일같이 군용 식량이 조달되었다. 그해 겨울의 빛나는 구호 작업은 후일 미국 의회 청문회에 위트컴이 소환되면서 다시 조명되었다. 위트컴은 청문회장에서 "전쟁은 총칼로만 하는 것이 아닙니다. 그 나라 국민을 일으켜 세우는 것이 진정한 승리입니다"라고 말했다. 청문위원들은 기립박수로 화답했다. 그는 의회로부터 더 많은 원조 지원을 확약받고 한국으로 돌아왔다. 돌아온 그는 곧장 부산시 영도와 양정동 일대에 400세대 규모의 이재민 주택 건립에 나섰다.

위트컴은 경무대에 드나들 때 이승만 대통령이 한국

인하고 결혼하라고 권유하자, 반드시 100% 순수 한국인과 결혼하겠다고 마음을 먹고 한묘숙과 결혼한다. 한묘숙은 위트컴이 "핸섬하고 원칙에 철두철미하며 애국심이 대단한 지성인"이었다고 회고한다. 반듯한 자세로 식사를 하면서 절대로 소리를 내지 않고, 한번 책을 손에 잡으면 다 읽기 전까지는 절대로 잠자리에 들지 않으며, 무척 노력하고 명예를 지키는 위트컴을 비롯한 당시 미군 장군들의 모습에 감동 받았다는 이야기도 전한다.

위트컴은 이후 주로 학교와 병원 건립 사업에 심혈을 기울였다. 이승만과 미8군 사령관을 통하여 장전동 일대 무상 부지를 얻어 학교를 짓기 시작했다. 한편 한국 산모들이 보리밭과 길 위에서 아이를 낳는 장면을 목격한 후, 심각성을 깨닫고 의료시설 개선작업에도 역점을 두었다. 그는 부대원들과 함께 병원 건립 기금을 조성하려 매달 급여의 1%를 헌금하는 운동을 벌였다. 미국인인 그가 한복을 입고 거리를 행진하며 자선가들의 모금을 권하는 광경은 진풍경이었다. 이런 노력들이 하나하나 성과를 거두면서 전시 수도에는 메리놀 병원, 성분도 병원을 비롯한 여러 의료기관들이 건립되었다.

퇴역장성 위트컴에게는 또 다른 숙원사업이 남아 있었다. 위트컴이 평생 과업으로 삼은 것은 북한 내 미군 해병대 유해 발굴 작업이었다. 자신이 직접 참여한 전투는 아니었지만 1950년 개마고원 장진호 전투에서 전사한 5,000여 구 이상의 병사들 유해를 한 구라도 더 발굴해 고국으로 보내고 싶어 했다.

장진호 전투는 미군 1해병사단 1만의 병사가 12만 중공군의 남하를 2주간 지연시키며 '흥남 철수작전'을 통해 피난민 10만여 명을 남쪽으로 탈출시키는 데 성공한 전투이다. 중공군에 밀려 남하하던 시절, 수천 구의 미 해병대 병사 시신을 전장에 남겨둔 기억을 그는 늘상 깊은 상흔으로 마음 한켠에 묵혀두고 살았다. 1982년 심장마비로 숨지면서 위트컴은 유족들에게 다음처럼 유언했다. "한국전쟁 동안 죽어 간 미군병사 유해를 고향으로 돌려보내라."

부인 한묘숙은 남편과 사별한 후 30년이 넘도록 고인의 뜻을 따라 북한, 홍콩, 중국 등을 오가며 미군 유해 발굴사업을 벌였다. 막상 갖은 노력 끝에 돌려받고 나면 송환 유해의 대부분이 가짜임이 드러나 참담해 하길 여러 번. 그러나 여인은 여전히 남편의 유업을 이어나갔다. 그녀가 유해 발굴 과정 중 만난 북한 장진호 인근 주민들은 죽어 간 미군 병사들이 하나같이 죽을 때 "마미"라고 외쳤다고, 대체 그 뜻이 무엇이냐고 물어왔다고 한다. 엄마를 그리워하는 그 불쌍한 영혼들의 이야기를 접한 한묘숙은 북받쳐 오는 슬픔으로 울어 버리고 말았다. 생전의 남편이 어떤 마음으로 유해송환사업을 대했는지 그제야 깨달을 수 있었다.

리처드 위트컴은 현재 유엔기념공원에 안장된 미군 32명 중 유일한 장군이다. "내가 죽으면 미국이 아닌 한국에 묻어 달라"는 유언 때문이었다. 이제 그의 마지막 꿈은 가족들, 위트컴 희망재단, 자선가들을 통해 묵묵히 이어지고 있다. 이 꿈은 여전히 진행형이다.

청일전쟁(~1895)   1894

러일전쟁(~1905)   1904

제1차 세계대전(~1918)   1914

국제연맹 창립   1920

중국공산당 성립   1921

1875	이승만 출생
1884	갑신정변
1894	갑오개혁
1895	배재학당 입학
1897	배재학당 졸업식
1899-1904	한성감옥 수감
1904	고종의 미국 특사
1905	조지워싱턴 대학 학부 입학
1907	하버드 대학 석사 입학
1908	프린스턴 대학 입학
1910	프린스턴 박사학위 취득 / 『독립정신』 출간
1910-1912	YMCA 학감
1913	하와이 도착 한인중앙학원 수립
1919	3·1운동 노령, 상해, 한성 임시정부 수립
1921	임시정부 대통령으로 공무 시작

소비에트 연방(소련) 성립   1922

세계 대공황 시작   1929

히틀러 독일 총리 취임   1933
미국 뉴딜 정책

제1차 카이로 회담과 테헤란 회담   1943

제2차 세계대전 종식   1945
국제연합(UN) 성립

세계 최초의 인공위성   1957
스푸트니크 발사(소련)

베트남(월남)전쟁   1964

유인우주선 아폴로 11호의 달 착륙   1969

참고문헌

1   건국과 나라 수호를 위한 이승만의 대미투쟁(상)
    시리즈: 이승만의 대미투쟁
    로버트 T. 올리버 지음 | 한준석 옮김 | 비봉출판사 | 2013. 11

2   건국 대통령 이승만의 생애: 젊은 세대를 위한 바른 역사서
    안병훈 (엮음)지음 | 기파랑 | 2015. 04

3   대한민국 건국대통령 이승만
    로버트 올리버 지음 | 서정락 옮김 | 단석연구원 | 2009.11

4   이승만과 그의 시대   뉴데일리 이승만연구소 총서 2
    이주영 지음 | 기파랑 | 2011. 03. 04 출간

5   이승만 대통령 방미일기(영한대역)
    이승만 지음 | 이현표 옮김 | 코러스 | 2011. 03

6   이승만 없었다면 대한민국 없다: 나라세우기 X파일
    로버트 올리버 지음 | 박일영 옮김 | 동서문화사 | 2008. 08

7   이승만 평전 (살림지식총서 493)[포켓북(문고판)]
    이주영 지음 | 살림 | 2014. 08

8   일본의 가면을 벗긴다: 천황전체주의의 기원과 실상
    (연세대학교 이승만연구원 번역총서 5)
    이승만 지음 | 류광현 옮김 | 비봉출판사 | 2015. 04

9   풀어쓴 독립정신
    이승만 지음 | 청미디어 | 2008. 07

10 6·25와 이승만: 프란체스카의 난중일기
    프란체스카 도너 리 지음 | 조혜자 옮김 | 기파랑
    2011. 12 (1쇄 2010. 07)

나라 잃은 소년 나라를 세우다
이승만이야기

초판 1쇄 발행   2019년 7월 10일
초판 3쇄 인쇄   2020년 7월 17일

지은이   이지연·배재희
펴낸이   안병훈
펴낸곳   도서출판 기파랑
등 록   2004. 12. 27 제300-2004-204호
주 소   서울시 종로구 대학로8가길 56 동숭빌딩 301호 우편번호 03086
전 화   02-763-8996(편집부) 02-3288-0077(영업마케팅부)
팩 스   02-763-8936
이메일   info@guiparang.com

ISBN   978-89-6523-623-8   03910